Köstliche Mediterrane Gerichte

Genussvolle Reisen durch sonnige Aromen

Luca Santoro

Inhalt

Quinoa-Pizza 9

Rosmarin-Walnuss-Sandwichbrot 11

Leckeres Krabben-Panini 14

Perfekte Pizza und Gebäck 16

Mediterranes Modell Margherita 20

Tragbare verpackte Picknickteile 22

Frittata gefüllt mit pikanter Zucchini- und Tomatenfüllung 23

Bananen-Sauerrahm-Brot 25

Hausgemachtes Fladenbrot 27

Fladenbrot-Sandwiches 30

Mezze-Platte mit gegrilltem Zaatar-Pita-Brot 32

Mini-Hühnchen-Shawarma 34

Auberginenpizza 36

Mediterrane Vollkornpizza 38

Spinat und Feta-Pita 39

Pizza mit Wassermelone, Feta und Balsamico 41

Gemischte Gewürzburger 42

Prosciutto-Sandwiches – Salat – Tomate und Avocado 44

Spinat-Tarte 46

Feta-Hähnchen-Burger 48

Schweinebraten für Tacos 50

Italienischer Apfel-Olivenöl-Kuchen 52

Schneller Tilapia mit roten Zwiebeln und Avocado 55

Gegrillter Fisch auf Zitronen 57

Fisch-Pfanne-Pfanne-Abendessen an Wochentagen 59

Fischstäbchen mit knuspriger Polenta 61

Abendessen mit Lachs in der Pfanne 63

Toskanische Thunfisch- und Zucchini-Burger 65

Sizilianische Grünkohl- und Thunfischschüssel 67

Mediterraner Kabeljau-Eintopf 69

Gedämpfte Muscheln in Weißweinsauce 71

Orangen- und Knoblauchgarnelen 73

Gebratener Garnelen-Gnocchi-Auflauf 75

Würzige Puttanesca-Garnele 77

Italienische Thunfisch-Sandwiches 79

Lachs-Dill-Salat-Wraps 81

Weiße Muschel-Pizza-Torte 83

Fischmehl mit gebackenen Bohnen 85

Kabeljau-Eintopf mit Pilzen 87

Gewürzter Schwertfisch 89

Sardellen-Pasta-Manie 91

Garnelen-Knoblauch-Pasta 93

Lachs mit Honig und Essig 95

Orangefarbenes Fischmehl 96

Garnelen-Zoodles 97

Spargel-Forellenmehl 99

Thunfisch mit Grünkohl-Oliven 101

Scharfe Garnelen mit Rosmarin 103

Spargellachs 105

Haselnuss-Thunfischsalat 106

Cremige Garnelensuppe 108

Gewürzter Lachs mit Gemüsequinoa 110

Apfel-Senf-Forelle 112

Garnelen-Gnocchi 114

Cremige Pasta mit geräuchertem Lachs 116

Griechisches Hühnchen aus dem Slow Cooker 118

Hähnchen Gyros 120

Hähnchen-Cassoulet im Slow Cooker 122

Griechischer Truthahnbraten 125

Knoblauchhähnchen mit Couscous 127

Hühnchen-Karahi 129

Hähnchen-Cacciatore 131

Langsam gegarter provenzalischer Eintopf 133

Osso Bucco 135

Beef Bourguignon im Slow Cooker 137

Balsamico-Rindfleisch 140

Kalbsbraten 142

Mediterraner Reis und Wurst 144

Spanische Fleischbällchen 145

Blumenkohlsteaks mit Oliven-Zitrus-Sauce 147

Pistazien-Minz-Pesto-Nudeln 149

Burst-Kirschtomatensauce mit Engelshaarnudeln 151

Gebackener Tofu mit sonnengetrockneten Tomaten und Artischocken 153

Gebackener mediterraner Tempeh mit Tomaten und Knoblauch 155

Geröstete Portobello-Pilze mit Grünkohl und roten Zwiebeln 158

Zucchini gefüllt mit Ricotta, Basilikum und Pistazien 162

Farro mit gerösteten Tomaten und Pilzen 164

Gebackener Orzo mit Auberginen, Mangold und Mozzarella 167

Gerstenrisotto mit Tomaten ... 169

Kichererbsen und Grünkohl mit würziger Pomodoro-Sauce ... 171

Gerösteter Feta mit Grünkohl und Zitronenjoghurt ... 173

Auberginen und Kichererbsen in Tomatensauce geröstet ... 175

Gebackene Falafel-Slider ... 177

Portobello Caprese ... 179

Mit Pilzen und Käse gefüllte Tomaten ... 181

Tabouleh ... 183

Artischockenherzen und würziger Brokkoli ... 185

Shakshuka ... 187

spanakopita ... 189

Tajine ... 191

Zitruspistazien und Spargel ... 193

Auberginen gefüllt mit Tomaten und Petersilie ... 195

Ratatouille ... 197

Gemista ... 199

Kohlrouladen ... 201

Rosenkohl mit Balsamico-Glasur ... 203

Spinatsalat mit Zitrusvinaigrette ... 205

Einfacher Sellerie-Orangen-Salat ... 207

Frittierte Auberginenröllchen ... 209

Schüssel mit geröstetem Gemüse und braunem Reis ... 211

Blumenkohlhasch mit Karotten ... 214

Zucchiniwürfel mit Knoblauch und Minze ... 215

Zucchini-Artischocken-Bowl mit Faro ... 216

Zucchini-Krapfen mit 5 Zutaten ... 218

Quinoa-Pizza

Zubereitungszeit: 15 Minuten

Kochzeit: 30 Minuten

Portionen: 4

Schwierigkeitsgrad: Leicht

Zutaten:

- 1 Tasse ungekochter Quinoa
- 2 große Eier
- ½ mittelgroße Zwiebel, gewürfelt
- 1 Tasse gewürfelte Paprika
- 1 Tasse geriebener Mozzarella-Käse
- 1 Esslöffel getrocknetes Basilikum
- 1 Esslöffel getrockneter Oregano
- 2 Teelöffel Knoblauchpulver
- 1/8 Teelöffel Salz
- 1 Teelöffel zerstoßene rote Paprika
- ½ Tasse geröstete rote Paprika, gehackt*
- Pizzasauce, etwa 1-2 Tassen

Richtungen:

Ofen auf 350 °F vorheizen. Quinoa nach Anleitung kochen. Alle Zutaten (außer Soße) in einer Schüssel vermischen. Alle Zutaten gut vermischen.

Die Quinoa-Pizza-Mischung gleichmäßig in einer Muffinform verteilen. Ergibt 12 Muffins. 30 Minuten backen, bis die Muffins goldbraun und die Ränder knusprig sind.

Mit 1 oder 2 Esslöffeln Pizzasauce belegen und genießen!

Nährwert (pro 100g): 303 Kalorien, 6,1 g Fett, 41,3 g Kohlenhydrate, 21 g Protein, 694 mg Natrium

Rosmarin-Walnuss-Sandwichbrot

Zubereitungszeit: 5 Minuten

Kochzeit: 45 Minuten

Portionen: 8

Schwierigkeitsgrad: Schwierig

Zutaten:

- ½ Tasse gehackte Walnüsse
- 4 Esslöffel gehackter frischer Rosmarin
- 1 1/3 Tasse lauwarmes Mineralwasser
- 1 Esslöffel Honig
- ½ Tasse natives Olivenöl extra
- 1 Teelöffel Apfelessig
- 3 Eier
- 5 Teelöffel Instant-Trockenhefegranulat
- 1 Teelöffel Salz
- 1 Esslöffel Xanthangummi
- ¼ Tasse Buttermilchpulver
- 1 Tasse weißes Reismehl
- 1 Tasse Tapiokastärke
- 1 Tasse Pfeilwurzstärke
- 1 ¼ Tassen glutenfreie Allzweckmehlmischung von Bob's Red Mill

Richtungen:

In einer großen Rührschüssel die Eier gut verquirlen. 1 Tasse warmes Wasser, Honig, Olivenöl und Essig hinzufügen.

Unter ständigem Rühren die restlichen Zutaten außer Rosmarin und Walnüssen hinzufügen.

Schlag weiter. Sollte der Teig zu steif sein, etwas warmes Wasser unterrühren. Der Teig sollte zottelig und dick sein.

Dann den Rosmarin und die Walnüsse hinzufügen und weiterkneten, bis sie gleichmäßig verteilt sind.

Die Teigschüssel mit einem sauberen Geschirrtuch abdecken, an einen warmen Ort stellen und 30 Minuten gehen lassen.

Fünfzehn Minuten nach Beginn der Gehzeit den Ofen auf 400 °F vorheizen.

Fetten Sie einen 2-Liter-Schmortopf großzügig mit Olivenöl ein und heizen Sie ihn im Ofen ohne Deckel vor.

Sobald der Teig aufgegangen ist, die Form aus dem Ofen nehmen und den Teig hineingeben. Verteile den Teig mit einem feuchten Spatel gleichmäßig in der Form.

Bestreichen Sie die Oberseite der Brote mit 2 Esslöffeln Olivenöl, decken Sie den Schmortopf ab und backen Sie ihn 35 bis 45 Minuten lang. Sobald das Brot gebacken ist, nehmen Sie es aus dem Ofen. Und das Brot vorsichtig aus der Form nehmen. Lassen Sie das Brot mindestens zehn Minuten abkühlen, bevor Sie es in Scheiben schneiden. Servieren und genießen.

Nährwert (pro 100g): 424 Kalorien, 19 g Fett, 56,8 g Kohlenhydrate, 7 g Protein, 844 mg Natrium

Leckeres Krabben-Panini

Zubereitungszeit: 5 Minuten

Kochzeit: 10 Minuten

Portionen: 4

Schwierigkeitsgrad: Leicht

Zutaten:

- 1 Esslöffel Olivenöl
- Französisches Brot geteilt und diagonal in Scheiben geschnitten
- 1 Pfund Krabbe mit Garnelen
- ½ Tasse Sellerie
- ¼ Tasse gehackte Frühlingszwiebel
- 1 Teelöffel Worcestershire-Sauce
- 1 TL Zitronensaft
- 1 Esslöffel Dijon-Senf
- ½ Tasse helle Mayonnaise

Richtungen:

In einer mittelgroßen Schüssel die folgenden Zutaten gut vermischen: Sellerie, Zwiebel, Worcestershire, Zitronensaft, Senf und Mayonnaise. Mit Pfeffer und Salz würzen. Dann vorsichtig die Mandeln und Krabben dazugeben.

Die Brotscheiben mit Olivenöl bestreichen und mit der Krabbenmischung bestreichen, bevor sie mit einer weiteren Brotscheibe belegt werden.

Das Sandwich in einer Panini-Presse grillen, bis das Brot knusprig und streifig ist.

Nährwert (pro 100g): 248 Kalorien 10,9 g Fett 12 g Kohlenhydrate 24,5 g Protein 845 mg Natrium

Perfekte Pizza und Gebäck

Zubereitungszeit: 35 Minuten

Kochzeit: 15 Minuten

Portionen: 10

Schwierigkeitsgrad: Schwierig

Zutaten:

- <u>Für den Pizzateig:</u>
- 2 Teelöffel Honig
- 1/4 Unze. Trockenhefe
- 11/4 Tassen lauwarmes Wasser (ca. 120 °F)
- 2 Esslöffel Olivenöl
- 1 Teelöffel Meersalz
- 3 Tassen Vollkornmehl + 1/4 Tasse, je nach Bedarf zum Ausrollen
- <u>Für den Pizzabelag:</u>
- 1 Tasse Pestosauce
- 1 Tasse Artischockenherzen
- 1 Tasse verwelkte Spinatblätter
- 1 Tasse sonnengetrocknete Tomate
- 1/2 Tasse Kalamata-Oliven
- 4 Unzen. Feta Käse
- 4 Unzen. Käse, gemischt mit gleichen Teilen fettarmem Mozzarella, Asiago und Provolone-Olivenöl

- <u>Optionale Toppings:</u>
- Paprika
- Hähnchenbrust, frische Basilikumstreifen
- Pinienkerne

Richtungen:

Für den Pizzateig:

Heizen Sie Ihren Backofen auf 350 °F vor.

Mischen Sie den Honig und die Hefe mit dem warmen Wasser in Ihrer Küchenmaschine mit Teigaufsatz. Mischen Sie die Mischung, bis sie vollständig vermischt ist. Lassen Sie die Mischung 5 Minuten lang ruhen, um die Hefeaktivität durch die Bildung von Blasen auf der Oberfläche sicherzustellen.

Gießen Sie das Olivenöl ein. Das Salz hinzufügen und eine halbe Minute lang verrühren. Fügen Sie nach und nach 3 Tassen Mehl hinzu, jeweils etwa eine halbe Tasse, und mischen Sie zwischen jeder Zugabe einige Minuten lang.

Lassen Sie die Mischung mit Ihrem Mixer 10 Minuten lang kneten, bis sie glatt und elastisch ist. Bestreuen Sie sie bei Bedarf mit Mehl, damit der Teig nicht an den Oberflächen der Rührschüssel kleben bleibt.

Den Teig aus der Schüssel nehmen. 15 Minuten ruhen lassen, abgedeckt mit einem warmen, feuchten Handtuch.

Rollen Sie den Teig etwa einen Zentimeter dick aus und bestäuben Sie ihn nach Bedarf mit Mehl. Mit einer Gabel wahllos Löcher in den Teig stechen, damit die Kruste keine Blasen wirft.

Den perforierten und ausgerollten Teig auf einen Pizzastein oder ein Backblech legen. 5 Minuten backen.

Für den Pizzabelag:

Den fertigen Pizzaboden leicht mit Olivenöl bestreichen.

Gießen Sie die Pesto-Sauce darüber und verteilen Sie sie gleichmäßig auf der Oberfläche des Pizzabodens. Lassen Sie am Rand wie bei der Kruste einen Abstand von einem halben Zoll.

Belegen Sie die Pizza mit Artischockenherzen, welken Spinatblättern, sonnengetrockneten Tomaten und Oliven. (Nach Wunsch mit weiteren Zutaten bedecken.) Die Oberseite mit dem Käse bedecken.

Legen Sie die Pizza direkt auf den Ofenrost. 10 Minuten backen, bis der Käse von der Mitte bis zum Ende Blasen bildet und geschmolzen ist. Lassen Sie die Pizza 5 Minuten abkühlen, bevor Sie sie in Scheiben schneiden.

Nährwert (pro 100g): 242,8 Kalorien 15,1 g Fett 15,7 g Kohlenhydrate 14,1 g Protein 942 mg Natrium

Mediterranes Modell Margherita

Zubereitungszeit: 15 Minuten

Kochzeit: 15 Minuten

Portionen: 10

Schwierigkeitsgrad: Schwierig

Zutaten:

- 1 Portion Pizzamantel
- 2 Esslöffel Olivenöl
- 1/2 Tasse zerdrückte Tomaten
- 3 Roma-Tomaten, in 1/4 Zoll dicke Scheiben geschnitten
- 1/2 Tasse frische Basilikumblätter, in dünne Scheiben geschnitten
- 6 Unzen. Mozzarella-Block, in 1/4-Zoll-Scheiben schneiden, mit einem Papiertuch trocken tupfen
- 1/2 Teelöffel Meersalz

Richtungen:

Heizen Sie Ihren Backofen auf 450 °F vor.

Den Pizzaboden leicht mit Olivenöl bestreichen. Verteilen Sie die zerkleinerten Tomaten gleichmäßig auf dem Pizzaboden und lassen Sie um den Rand herum einen Abstand von einem halben Zoll, ähnlich wie bei der Kruste.

Die Pizza mit Roma-Tomatenscheiben, Basilikumblättern und Mozzarellascheiben garnieren. Streuen Sie Salz über die Pizza.

Übertragen Sie die Pizza direkt auf den Ofenrost. Backen, bis der Käse von der Mitte bis zur Kruste schmilzt. Vor dem Schneiden aufbewahren.

Nährwert (pro 100g): 251 Kalorien, 8 g Fett, 34 g Kohlenhydrate, 9 g Protein, 844 mg Natrium

Tragbare verpackte Picknickteile

Zubereitungszeit: 5 Minuten

Kochzeit: 0 Minuten

Portionen: 1

Schwierigkeitsgrad: Leicht

Zutaten:

- 1 Scheibe Vollkornbrot, in mundgerechte Stücke geschnitten
- 10 Stück Kirschtomaten
- 1/4 Unze. gereifter Käse, in Scheiben geschnitten
- 6 in Öl getrocknete Oliven

Richtungen:

Packen Sie alle Zutaten in einen tragbaren Behälter, um sich beim Snacken unterwegs selbst zu bedienen.

Nährwert (pro 100g): 197 Kalorien, 9 g Fett, 22 g Kohlenhydrate, 7 g Protein, 499 mg Natrium

Frittata gefüllt mit pikanter Zucchini- und Tomatenfüllung

Zubereitungszeit: 10 Minuten

Kochzeit: 15 Minuten

Portionen: 4

Schwierigkeitsgrad: Leicht

Zutaten:

- 8 Eier
- 1/4 Teelöffel roter Pfeffer, zerstoßen
- 1/4 Teelöffel Salz
- 1 Esslöffel Olivenöl
- 1 kleine Zucchini, der Länge nach in dünne Scheiben geschnitten
- 1/2 Tasse rote oder gelbe Kirschtomaten, halbiert
- 1/3 Tasse Walnüsse, grob gehackt
- 2 Unzen. kleine Kugeln aus frischem Mozzarella (Bocconcini)

Richtungen:

Heizen Sie Ihren Grill vor. In der Zwischenzeit Eier, zerstoßenen roten Pfeffer und Salz in einer mittelgroßen Schüssel verquirlen. Zur Seite legen.

Erhitzen Sie das Olivenöl in einer 10-Zoll-Grillpfanne bei mittlerer bis hoher Hitze. Ordnen Sie die Zucchinischeiben gleichmäßig auf dem Boden der Pfanne an. Nach der Hälfte der Garzeit 3 Minuten kochen lassen, dabei einmal wenden.

Die Zucchinischicht mit Kirschtomaten garnieren. Die Eiermischung über das Gemüse in die Pfanne füllen. Mit Walnüssen und Mozzarella-Kugeln garnieren.

Bei mittlerer Hitze platzieren. Kochen, bis die Seiten anfangen fest zu werden. Heben Sie die Frittata mit einem Spatel an, sodass die ungekochten Teile der Eimischung darunter fließen.

Stellen Sie die Pfanne auf den Grill. Frittata 10 cm vom Herd entfernt 5 Minuten lang grillen, bis die Oberseite fest ist. Zum Servieren die Frittata in Spalten schneiden.

Nährwert (pro 100g): 284 Kalorien, 14 g Fett, 4 g Kohlenhydrate, 17 g Protein, 788 mg Natrium

Bananen-Sauerrahm-Brot

Zubereitungszeit: 10 Minuten

Kochzeit: 1 Stunde 10 Minuten

Portionen: 32

Schwierigkeitsgrad: Mittel

Zutaten:

- Weißer Zucker (0,25 Tassen)
- Zimt (1 TL + 2 TL)
- Butter (.75)
- Weißer Zucker (3 Tassen)
- Eier (3)
- Sehr reife Bananen, püriert (6)
- Sauerrahm (16-Unzen-Behälter)
- Vanilleextrakt (2 TL)
- Salz (0,5 Teelöffel)
- Backpulver (3 TL)
- Allzweckmehl (4,5 Tassen)
- Optional: Gehackte Nüsse (1 Tasse)
- Außerdem benötigt: 4-7 3-Zoll-Kastenformen

Richtungen:

Stellen Sie den Ofen auf 300 °F ein. Fetten Sie die Brotformen ein.

Den Zucker und einen Teelöffel Zimt sieben. Die Pfanne mit der Mischung bestreuen.

Die Butter mit dem restlichen Zucker schaumig rühren. Bananen mit Eiern, Zimt, Vanille, Sauerrahm, Salz, Backpulver und Mehl zerdrücken. Die Nüsse zuletzt hinzufügen.

Gießen Sie die Mischung in die Pfannen. Backen Sie es eine Stunde lang. Aufschlag

Nährwert (pro 100g):263 Kalorien 10,4 g Fett 9 g Kohlenhydrate 3,7 g Protein 633 mg Natrium

Hausgemachtes Fladenbrot

Zubereitungszeit: 15 Minuten

Kochzeit: 5 Stunden (inkl. Aufstiegszeiten)

Portionen: 7

Schwierigkeitsgrad: Schwierig

Zutaten:

- Trockenhefe (0,25 oz)
- Zucker (0,5 TL)
- Brotmehl/Mischung aus Allzweck- und Vollkornweizen (2,5 Tassen + mehr zum Bestäuben)
- Salz (0,5 Teelöffel)
- Wasser (0,25 Tasse oder nach Bedarf)
- Bei Bedarf ölen

Richtungen:

Hefe und Zucker in einem kleinen Rührbehälter in ¼ Tasse warmem Wasser auflösen. Warten Sie ca. 15 Minuten (fertig, wenn es schaumig ist).

Mehl und Salz in einen anderen Behälter sieben. Machen Sie ein Loch in die Mitte und geben Sie die Hefemischung (+) und eine Tasse Wasser hinzu. Den Teig kneten.

Legen Sie es auf eine leicht bemehlte Oberfläche und kneten Sie es.

Geben Sie einen Tropfen Öl auf den Boden einer großen Schüssel und rollen Sie den Teig darin so aus, dass die Oberfläche bedeckt ist.

Legen Sie ein feuchtes Tuch über den Teigbehälter. Wickeln Sie die Schüssel mit einem feuchten Tuch ein und stellen Sie sie für mindestens zwei Stunden oder über Nacht an einen warmen Ort. (Das Volumen des Teigs verdoppelt sich).

Den Teig ausstanzen, das Brot kneten und in kleine Kugeln teilen. Die Kugeln zu dicken, ovalen Scheiben flach drücken.

Bestäuben Sie ein Küchentuch mit Mehl und legen Sie die ovalen Scheiben darauf, sodass zwischen ihnen genügend Platz zum Ausdehnen bleibt. Mit Mehl bestäuben und ein weiteres sauberes Tuch darüber legen. Noch ein bis zwei Stunden gehen lassen.

Stellen Sie den Ofen auf 425° Fahrenheit ein. Legen Sie mehrere Backbleche in den Ofen, um sie kurz aufzuwärmen. Die vorgewärmten Backbleche leicht mit Öl einfetten und die ovalen Brotscheiben darauf legen.

Besprühen Sie die Ovale leicht mit Wasser und backen Sie sie sechs bis acht Minuten lang, bis sie leicht gebräunt sind.

Servieren Sie sie, solange sie heiß sind. Legen Sie das Fladenbrot auf einen Rost und wickeln Sie es in ein sauberes, trockenes Tuch, damit es für später weich bleibt.

Nährwert (pro 100g): 210 Kalorien, 4 g Fett, 6 g Kohlenhydrate, 6 g Protein, 881 mg Natrium

Fladenbrot-Sandwiches

Zubereitungszeit: 10 Minuten

Kochzeit: 20 Minuten

Portionen: 6

Schwierigkeitsgrad: Leicht

Zutaten:

- Olivenöl (1 Esslöffel)
- 7-Korn-Pilaw (8,5-Unzen-Pkg)
- Kernlose englische Gurke (1 Tasse)
- entkernte Tomate (1 Tasse)
- Zerbröckelter Feta-Käse (0,25 Tassen)
- Frischer Zitronensaft (2 Esslöffel)
- Frisch gemahlener schwarzer Pfeffer (0,25 TL)
- Einfacher Hummus (7-Unzen-Behälter)
- Weiße Vollkorn-Fladenbrot-Wraps (jeweils 90–700 g)

Richtungen:

Den Pilaw nach Packungsanweisung kochen und abkühlen lassen.

Tomate, Gurke, Käse, Öl, Pfeffer und Zitronensaft hacken und vermischen. Den Pilaw hinzufügen.

Bereiten Sie die Wraps mit dem Hummus auf einer Seite vor. Den Pilaw hineingeben und unterheben.

In ein Sandwich schneiden und servieren.

Nährwert (pro 100g): 310 Kalorien, 9 g Fett, 8 g Kohlenhydrate, 10 g Protein, 745 mg Natrium

Mezze-Platte mit gegrilltem Zaatar-Pita-Brot

Zubereitungszeit: 10 Minuten

Kochzeit: 10 Minuten

Portionen: 4

Schwierigkeitsgrad: Mittel

Zutaten:

- Vollkorn-Pita-Runden (4)
- Olivenöl (4 Esslöffel)
- Zaatar (4 TL)
- Griechischer Joghurt (1 Tasse)
- Schwarzer Pfeffer und koscheres Salz (nach Ihrem Geschmack)
- Hummus (1 Tasse)
- Marinierte Artischockenherzen (1 Tasse)
- Verschiedene Oliven (2 Tassen)
- In Scheiben geschnittene geröstete rote Paprika (1 Tasse)
- Kirschtomaten (2 Tassen)
- Salami (4 Unzen)

Richtungen:

Verwenden Sie die mittlere bis hohe Hitzeeinstellung, um eine große Pfanne zu erhitzen.

Fetten Sie das Fladenbrot auf jeder Seite leicht mit Öl ein und geben Sie zum Würzen das Zaatar hinzu.

Bereiten Sie es portionsweise vor, indem Sie das Pita in eine Pfanne geben und goldbraun rösten. Dies sollte etwa zwei Minuten pro Seite dauern. Schneiden Sie jedes Pita in Viertel.

Den Joghurt mit Pfeffer und Salz würzen.

Zum Zusammenstellen die Kartoffeln teilen und Hummus, Joghurt, Artischockenherzen, Oliven, rote Paprika, Tomaten und Salami hinzufügen.

Nährwert (pro 100g): 731 Kalorien, 48 g Fett, 10 g Kohlenhydrate, 26 g Protein, 632 mg Natrium

Mini-Hühnchen-Shawarma

Zubereitungszeit: 10 Minuten

Kochzeit: 1h15

Portionen: 8

Schwierigkeitsgrad: Leicht

Zutaten:

- <u>Das Huhn:</u>
- Hähnchenfilets (1 Pfund)
- Olivenöl (0,25 Tassen)
- Zitrone – Schale und Saft (1)
- Kreuzkümmel (1 Teelöffel)
- Knoblauchpulver (2 TL)
- Geräucherter Paprika (0,5 TL)
- Koriander (0,75 TL)
- Frisch gemahlener schwarzer Pfeffer (1 TL)
- <u>Die Soße:</u>
- Griechischer Joghurt (1,25 Tassen)
- Zitronensaft (1 Esslöffel)
- Geriebene Knoblauchzehe (1)
- Frisch gehackter Dill (2 EL.
- Schwarzer Pfeffer (0,125 TL/nach Geschmack)
- Koscheres Salz (nach Wahl)
- Gehackte frische Petersilie (0,25 Tassen)
- Rote Zwiebel (die Hälfte von 1)

- Römersalat (4 Blätter)
- Englische Gurke (die Hälfte von 1)
- Tomaten (2)
- Mini-Fladenbrot (16)

Richtungen:

Geben Sie das Huhn in einen Beutel mit Reißverschluss. Die Hühnerzutaten verquirlen und in den Beutel geben, um sie bis zu einer Stunde lang zu marinieren.

Bereiten Sie die Sauce zu, indem Sie Saft, Knoblauch und Joghurt in einem Rührbehälter vermischen. Dill, Petersilie, Pfeffer und Salz unterrühren. In den Kühlschrank stellen.

Erhitzen Sie eine Pfanne mit der Hitzeeinstellung auf mittlerer Stufe. Hähnchen aus der Marinade nehmen (überschüssiges abtropfen lassen).

Kochen, bis alles gar ist, etwa vier Minuten pro Seite. In mundgerechte Streifen schneiden.

Gurke und Zwiebel in dünne Scheiben schneiden. Den Salat reiben und die Tomaten hacken. Zusammensetzen und zu den Pitas hinzufügen – Hühnchen, Salat, Zwiebeln, Tomaten und Gurken.

Nährwert (pro 100g): 216 Kalorien, 16 g Fett, 9 g Kohlenhydrate, 9 g Protein, 745 mg Natrium

Auberginenpizza

Zubereitungszeit: 10 Minuten

Kochzeit: 30 Minuten

Portionen: 6

Schwierigkeitsgrad: Mittel

Zutaten:

- Auberginen (1 große oder 2 mittelgroße)
- Olivenöl (0,33 Tasse)
- Schwarzer Pfeffer und Salz (nach Wahl)
- Marinara-Sauce – im Laden gekauft/hausgemacht (1,25 Tassen)
- Geriebener Mozzarella-Käse (1,5 Tassen)
- Kirschtomaten (2 Tassen – halbiert)
- Zerrissene Basilikumblätter (0,5 Tasse)

Richtungen:

Heizen Sie den Ofen auf 400° Fahrenheit vor. Bereiten Sie das Backblech mit einer Lage Backpapier vor.

Schneiden Sie das/die Ende(n) der Aubergine ab und schneiden Sie sie in ¾-Zoll-Scheiben. Die Scheiben auf dem vorbereiteten Backblech anordnen und beide Seiten mit Olivenöl bestreichen. Mit Pfeffer und Salz abschmecken.

Die Auberginen rösten, bis sie weich sind (10 bis 12 Min.).

Nehmen Sie das Blech aus dem Ofen und geben Sie in jeden Abschnitt zwei Esslöffel Soße. Mit Mozzarella und drei bis fünf Tomatenstücken belegen.

Kochen Sie es, bis der Käse geschmolzen ist. Nach etwa fünf bis sieben weiteren Minuten sollten die Tomaten anfangen, Blasen zu bilden.

Nehmen Sie das Blech aus dem Ofen. Servieren und mit Basilikum garnieren.

Nährwert (pro 100g): 257 Kalorien, 20 g Fett, 11 g Kohlenhydrate, 8 g Protein, 789 mg Natrium

Mediterrane Vollkornpizza

Zubereitungszeit: 10 Minuten

Kochzeit: 25 Minuten

Portionen: 4

Schwierigkeitsgrad: Leicht

Zutaten:

- Vollkornpizzateig (1)
- Basilikumpesto (4-Unzen-Glas)
- Artischockenherzen (0,5 Tasse)
- Kalamata-Oliven (2 Esslöffel)
- Peperoncini (2 EL abgetropft)
- Feta-Käse (0,25 Tassen)

Richtungen:

Programmieren Sie den Ofen auf 450° Fahrenheit.

Artischocken abtropfen lassen und in Stücke schneiden.

Peperoncini und Oliven in Scheiben schneiden/hacken.

Den Pizzateig auf eine bemehlte Arbeitsfläche legen und mit Pesto bedecken. Artischocken, Peperoncinischeiben und Oliven auf der Pizza anrichten. Zum Schluss zerbröseln und den Feta dazugeben.

10-12 Minuten backen. Aufschlag.

Nährwert (pro 100g): 277 Kalorien 18,6 g Fett 8 g Kohlenhydrate 9,7 g Protein 841 mg Natrium

Spinat und Feta-Pita

Zubereitungszeit: 5 Minuten

Kochzeit: 22 Min

Portionen: 6

Schwierigkeitsgrad: Schwierig

Zutaten:

- Pesto aus getrockneten Tomaten (6-Unzen-Glas)
- Roma – Pflaumentomaten (2 gehackt)
- Vollkorn-Fladenbrot (Sechs 6 Zoll)
- Spinat (1 Bund)
- Pilze (4 Scheiben)
- Geriebener Parmesankäse (2 EL.
- Zerbröckelter Feta-Käse (0,5 Tasse)
- Olivenöl (3 Esslöffel)
- Schwarzer Pfeffer (optional)

Richtungen:

Stellen Sie den Ofen auf 350° Fahrenheit ein.

Eine Seite jedes Fladenbrotes mit Pesto bestreichen und auf ein Backblech legen (Pesto-Seite nach oben).

Den Spinat waschen und hacken. Die Pitas mit Spinat, Pilzen, Tomaten, Feta-Käse, Pfeffer, Parmesan, Pfeffer und einem Schuss Öl belegen.

Im heißen Ofen backen, bis das Fladenbrot knusprig ist (12 Min.). Die Pitas vierteln.

Nährwert (pro 100g): 350 Kalorien, 17,1 g Fett, 9 g Kohlenhydrate, 11,6 g Protein, 712 mg Natrium

Pizza mit Wassermelone, Feta und Balsamico

Zubereitungszeit: 10 Minuten
Kochzeit: 15 Minuten
Portionen: 4
Schwierigkeitsgrad: Leicht

Zutaten:

- Wassermelone (1 Zoll dick von der Mitte)
- Zerbröckelter Feta-Käse (1 Unze)
- Geschnittene Kalamata-Oliven (5-6)
- Minzblätter (1 TL)
- Balsamico-Glasur (0,5 Esslöffel)

Richtungen:

Den breitesten Teil der Wassermelone halbieren. Dann jede Hälfte in vier Spalten schneiden.

Auf einer runden Kuchenform wie eine runde Pizza servieren und mit Oliven, Käse, Minzblättern und Glasur bedecken.

Nährwert (pro 100g): 90 Kalorien, 3 g Fett, 4 g Kohlenhydrate, 2 g Protein, 761 mg Natrium

Gemischte Gewürzburger

Zubereitungszeit: 10 Minuten

Kochzeit: 30 Minuten

Portionen: 6

Schwierigkeitsgrad: Mittel

Zutaten:

- Mittlere Zwiebel (1)
- Frische Petersilie (3 Esslöffel)
- Knoblauchzehe (1)
- Gemahlener Piment (0,75 TL)
- Pfeffer (0,75 TL)
- Gemahlene Muskatnuss (0,25 TL)
- Zimt (0,5 Teelöffel)
- Salz (0,5 Teelöffel)
- Frische Minze (2 EL)
- 90 % mageres Rinderhackfleisch (1,5 Pfund)
- Optional: Kalte Tzatziki-Sauce

Richtungen:

Petersilie, Minze, Knoblauch und Zwiebeln hacken/fein hacken.

Muskatnuss, Salz, Zimt, Pfeffer, Piment, Knoblauch, Minze, Petersilie und Zwiebel verrühren.

Fügen Sie das Rindfleisch hinzu und bereiten Sie sechs (6) 5 x 10 cm große, längliche Pastetchen zu.

Verwenden Sie die mittlere Hitzeeinstellung, um die Patties zu grillen, oder grillen Sie sie 10 cm von der Hitze entfernt für 6 Minuten auf jeder Seite.

Wenn sie fertig sind, zeigt das Fleischthermometer 160° Fahrenheit an. Nach Belieben mit Soße servieren.

Nährwert (pro 100g): 231 Kalorien, 9 g Fett, 10 g Kohlenhydrate, 32 g Protein, 811 mg Natrium

Prosciutto-Sandwiches – Salat – Tomate und Avocado

Zubereitungszeit: 10 Minuten

Kochzeit: 10 Minuten

Portionen: 4

Schwierigkeitsgrad: Leicht

Zutaten:

- Prosciutto (2 oz/8 dünne Scheiben)
- Reife Avocado (1 halbiert)
- Römersalat (4 ganze Blätter)
- Große reife Tomate (1)
- Scheiben Vollkorn- oder Vollkornbrot (8)
- Schwarzer Pfeffer und koscheres Salz (0,25 TL)

Richtungen:

Die Salatblätter in insgesamt acht Stücke reißen. Die Tomate in acht Scheiben schneiden. Toasten Sie das Brot und legen Sie es auf einen Teller.

Kratzen Sie das Avocadofleisch von der Schale und vermengen Sie es in einer Rührschüssel. Leicht mit Pfeffer und Salz bestreuen. Die Avocado vorsichtig verquirlen oder zerdrücken, bis sie cremig ist. Auf dem Brot verteilen.

Mach ein Sandwich. Schnappen Sie sich eine Scheibe Avocado-Toast; Mit einem Salatblatt, einer Scheibe Prosciutto und einer Tomatenscheibe garnieren. Mit einer weiteren Scheibe Tomatensalat belegen und weitermachen.

Wiederholen Sie den Vorgang, bis alle Zutaten aufgebraucht sind.

Nährwert (pro 100g): 240 Kalorien, 9 g Fett, 8 g Kohlenhydrate, 12 g Protein, 811 mg Natrium

Spinat-Tarte

Zubereitungszeit: 10 Minuten

Kochzeit: 60 Minuten

Portionen: 6

Schwierigkeitsgrad: Mittel

Zutaten:

- Geschmolzene Butter (0,5 Tasse)
- Gefrorener Spinat (10-Unzen-Packung)
- Frische Petersilie (0,5 Tasse)
- Frühlingszwiebeln (0,5 Tasse)
- Frischer Dill (0,5 Tasse)
- Zerbröckelter Feta-Käse (0,5 Tasse)
- Frischkäse (4 Unzen)
- Hüttenkäse (4 Unzen)
- Parmesan (2 EL – gerieben)
- Große Eier (2)
- Pfeffer und Salz (nach Wahl)
- Filoteig (40 Blätter)

Richtungen:

Den Ofen auf 350° Fahrenheit vorheizen.

Zwiebeln, Dill und Petersilie in Scheiben schneiden/hacken. Spinat und Nudelblätter auftauen lassen. Trocknen Sie den Spinat, indem Sie ihn auspressen.

Spinat, Frühlingszwiebeln, Eier, Käse, Petersilie, Dill, Pfeffer und Salz in einem Mixer cremig pürieren.

Bereiten Sie die kleinen Phyllo-Dreiecke vor, indem Sie sie mit einem Teelöffel der Spinatmischung füllen.

Bestreichen Sie die Außenseite der Dreiecke leicht mit Butter und legen Sie sie mit der Naht nach unten auf ein ungefettetes Backblech.

Legen Sie sie in den heißen Ofen und backen Sie sie, bis sie goldbraun und luftig sind (20–25 Min.). Heiß servieren.

Nährwert (pro 100g): 555 Kalorien 21,3 g Fett 15 g Kohlenhydrate 18,1 g Protein 681 mg Natrium

Feta-Hähnchen-Burger

Zubereitungszeit: 10 Minuten

Kochzeit: 30 Minuten

Portionen: 6

Schwierigkeitsgrad: Mittel

Zutaten:

- ¼ Tasse fettarme Mayonnaise
- ¼ Tasse fein gehackte Gurke
- ¼ TL schwarzer Pfeffer
- 1 Teelöffel Knoblauchpulver
- ½ Tasse gehackte geröstete rote Paprika
- ½ Teelöffel griechisches Gewürz
- 1,5 Pfund mageres Hühnerhackfleisch
- 1 Tasse zerbröckelter Feta-Käse
- 6 Vollkorn-Burgerbrötchen

Richtungen:

Den Grill im Backofen vorheizen. Mayonnaise und Gurke vermischen. Zur Seite legen.

Mischen Sie alle Gewürze und die rote Paprika für die Burger. Hähnchen und Käse gut vermischen. Formen Sie aus der Mischung 6 ½ Zoll dicke Pastetchen.

Kochen Sie die Burger auf einem Grill und platzieren Sie sie etwa zehn Zentimeter von der Hitzequelle entfernt. Kochen, bis das Thermometer 165° Fahrenheit erreicht.

Mit Brötchen und Gurkensauce servieren. Nach Belieben mit Tomaten und Salat garnieren und servieren.

Nährwert (pro 100g): 356 Kalorien, 14 g Fett, 10 g Kohlenhydrate, 31 g Protein, 691 mg Natrium

Schweinebraten für Tacos

Zubereitungszeit: 10 Minuten
Kochzeit: 1h15
Portionen: 6
Schwierigkeitsgrad: Mittel

Zutaten:

- Schweineschulterbraten (4 Pfund)
- Gewürfelte grüne Chilischoten (2–4 Unzen Dosen)
- Chilipulver (0,25 Tassen)
- Getrockneter Oregano (1 TL)
- Taco-Gewürz (1 TL)
- Knoblauch (2 TL)
- Salz (1,5 TL oder nach Wahl)

Richtungen:

Stellen Sie den Ofen auf 300° Fahrenheit ein.

Legen Sie den Braten auf ein großes Blatt Folie.

Paprika abtropfen lassen. Den Knoblauch fein hacken.

Grüne Chilis, Taco-Gewürz, Chilipulver, Oregano und Knoblauch vermischen. Reiben Sie die Mischung über den Braten und bedecken Sie ihn mit einer Schicht Folie.

Legen Sie das eingewickelte Schweinefleisch auf einen Bräter über einem Backblech, um etwaige Leckagen aufzufangen.

3,5 bis 4 Stunden im heißen Ofen rösten, bis es auseinanderfällt. Kochen, bis die Mitte bei Messung mit einem Fleischthermometer (Innentemperatur) mindestens 145° Fahrenheit erreicht.

Geben Sie den Braten in einen Fleischwolf und zerkleinern Sie ihn mit zwei Gabeln in kleine Stücke. Würzen Sie es nach Belieben.

Nährwert (pro 100g): 290 Kalorien 17,6 g Fett 12 g Kohlenhydrate 25,3 g Protein 471 mg Natrium

Italienischer Apfel-Olivenöl-Kuchen

Zubereitungszeit: 10 Minuten

Kochzeit: 1 Stunde 10 Minuten

Portionen: 12

Schwierigkeitsgrad: Mittel

Zutaten:

- Gala-Äpfel (2 große)
- Orangensaft – zum Einweichen von Äpfeln
- Allzweckmehl (3 Tassen)
- Gemahlener Zimt (0,5 TL)
- Muskatnuss (0,5 TL)
- Backpulver (1 TL)
- Backpulver (1 TL)
- Zucker (1 Tasse)
- Olivenöl (1 Tasse)
- Große Eier (2)
- Goldene Rosinen (0,66 Tassen)
- Puderzucker – zum Bestreuen
- Außerdem benötigt: 9-Zoll-Auflaufform

Richtungen:

Äpfel schälen und fein hacken. Die Äpfel mit gerade so viel Orangensaft beträufeln, dass sie nicht braun werden.

Die Rosinen 15 Minuten in lauwarmem Wasser einweichen und gut abtropfen lassen.

Backpulver, Mehl, Backpulver, Zimt und Muskatnuss vermischen. Legen Sie es vorerst beiseite.

Olivenöl und Zucker in die Schüssel einer Küchenmaschine geben. Bei niedriger Temperatur 2 Minuten lang mixen oder bis alles gut vermischt ist.

Unter laufendem Betrieb mischen, die Eier einzeln aufschlagen und 2 Minuten weiterrühren. Das Volumen der Mischung sollte zunehmen; Es sollte dick und nicht flüssig sein.

Alle Zutaten gut vermischen. Machen Sie ein Loch in die Mitte der Mehlmischung und geben Sie die Oliven-Zucker-Mischung hinzu.

Entfernen Sie überschüssigen Saft von den Äpfeln und lassen Sie die eingeweichten Rosinen abtropfen. Fügen Sie sie zum Teig hinzu und vermischen Sie alles gut.

Bereiten Sie die Form mit Backpapier vor. Geben Sie den Teig in die Form und streichen Sie ihn mit der Rückseite eines Holzlöffels glatt.

Backen Sie es 45 Minuten lang bei 350° Fahrenheit.

Wenn der Kuchen fertig ist, nehmen Sie ihn vom Backpapier und legen Sie ihn auf eine Servierplatte. Mit Puderzucker bestreuen. Etwas dunklen Honig erhitzen, um die Oberseite zu garnieren.

Nährwert (pro 100g): 294 Kalorien, 11 g Fett, 9 g Kohlenhydrate, 5,3 g Protein, 691 mg Natrium

Schneller Tilapia mit roten Zwiebeln und Avocado

Zubereitungszeit: 10 Minuten

Kochzeit: 5 Minuten

Portionen: 4

Schwierigkeitsgrad: Mittel

Zutaten:

- 1 Esslöffel natives Olivenöl extra
- 1 Esslöffel frisch gepresster Orangensaft
- ¼ TL koscheres Salz oder Meersalz
- 4 Tilapiafilets (4 Unzen), eher länglich als quadratisch, mit oder ohne Haut
- ¼ Tasse gehackte rote Zwiebel
- 1 Anwalt

Richtungen:

In einer 9-Zoll-Kuchenform aus Glas Öl, Orangensaft und Salz vermischen. Gleichzeitig die Filets bearbeiten, jeweils in die Kuchenform legen und von allen Seiten bestreichen. Formen Sie die Netze zu einer Wagenradformation. Legen Sie auf jedes Filet 1 Esslöffel Zwiebel und falten Sie dann das Ende des Filets, das über den Rand hängt, zur Hälfte über die Zwiebel. Sobald dies erledigt ist, sollten Sie 4 gefaltete Filets haben, wobei die Falte am äußeren Rand der Form anliegt und die Enden alle in der Mitte liegen.

Wickeln Sie die Form mit Plastikfolie ein und lassen Sie am Rand einen kleinen Teil offen, damit Dampf entweichen kann. Bei höchster Stufe etwa 3 Minuten in der Mikrowelle garen. Wenn es fertig ist, sollte es sich durch leichtes Drücken mit einer Gabel in Flocken (Stücke) trennen. Die Avocadofilets garnieren und servieren.

Nährwert (pro 100g): 200 Kalorien, 3 g Fett, 4 g Kohlenhydrate, 22 g Protein, 811 mg Natrium

Gegrillter Fisch auf Zitronen

Zubereitungszeit: 10 Minuten

Kochzeit: 10 Minuten

Portionen: 4

Schwierigkeitsgrad: Schwierig

Zutaten:

- 4 Fischfilets (4 Unzen)
- Antihaft-Kochspray
- 3 bis 4 mittelgroße Zitronen
- 1 Esslöffel natives Olivenöl extra
- ¼ Teelöffel frisch gemahlener schwarzer Pfeffer
- ¼ TL koscheres Salz oder Meersalz

Richtungen:

Tupfen Sie die Filets mit Papiertüchern trocken und lassen Sie sie 10 Minuten lang bei Zimmertemperatur ruhen. In der Zwischenzeit den kalten Grillrost mit Antihaft-Kochspray bestreichen und den Grill auf 400 °F oder mittlere bis hohe Hitze vorheizen.

Eine Zitrone halbieren und die Hälfte aufbewahren. Schneiden Sie die restliche Hälfte dieser Zitrone und die restlichen Zitronen in ¼ Zoll dicke Scheiben. (Sie sollten etwa 12–16 Zitronenscheiben haben.) In einer kleinen Schüssel 1 Esslöffel Saft aus der reservierten Zitronenhälfte auspressen.

Das Öl mit dem Zitronensaft in die Schüssel geben und gut vermischen. Beide Seiten des Fisches mit der Ölmischung beträufeln und gleichmäßig mit Pfeffer und Salz bestreuen.

Legen Sie die Zitronenscheiben vorsichtig auf den Grill (oder die Grillpfanne), ordnen Sie 3–4 Scheiben in Form eines Fischfilets an und wiederholen Sie den Vorgang mit den restlichen Scheiben. Die Fischfilets direkt auf die Zitronenscheiben legen und bei geschlossenem Deckel grillen. (Wenn Sie auf dem Herd grillen, decken Sie ihn mit einem großen Topfdeckel oder Aluminiumfolie ab.) Wenden Sie den Fisch nur dann nach der Hälfte der Garzeit, wenn die Filets mehr als einen halben Zoll dick sind. Es ist fertig, wenn es beginnt, sich durch leichtes Drücken mit einer Gabel in Flocken zu trennen.

Nährwert (pro 100g): 147 Kalorien, 5 g Fett, 1 g Kohlenhydrate, 22 g Protein, 917 mg Natrium

Fisch-Pfanne-Pfanne-Abendessen an Wochentagen

Zubereitungszeit: 10 Minuten
Kochzeit: 10 Minuten
Portionen: 4
Schwierigkeitsgrad: Mittel

Zutaten:

- Antihaft-Kochspray
- 2 Esslöffel natives Olivenöl extra
- 1 Esslöffel Balsamico-Essig
- 4 Fischfilets (4 Unzen) (½ Zoll dick)
- 2½ Tassen grüne Bohnen
- 1 Pint Kirsch- oder Traubentomaten

Richtungen:

Heizen Sie den Ofen auf 400 °F vor. Bestreichen Sie zwei große Backbleche mit Rand mit Antihaft-Kochspray. In einer kleinen Schüssel Öl und Essig vermischen. Zur Seite legen. Auf jedes Backblech zwei Fischstücke legen.

In einer großen Schüssel Bohnen und Tomaten vermengen. Öl und Essig dazugeben und vorsichtig umrühren. Gießen Sie die Hälfte der grünen Bohnenmischung über den Fisch auf einem Backblech und die andere Hälfte über den Fisch auf dem anderen. Drehen Sie den Fisch um und reiben Sie ihn mit der Ölmischung ein, um ihn zu bedecken. Ordnen Sie das Gemüse gleichmäßig auf den Backblechen an, sodass die heiße Luft um es zirkulieren kann.

Kochen, bis der Fisch gerade noch undurchsichtig ist. Es ist fertig, wenn es gerade anfängt, auseinanderzufallen, wenn man es vorsichtig mit einer Gabel einsticht.

Nährwert (pro 100g): 193 Kalorien, 8 g Fett, 3 g Kohlenhydrate, 23 g Protein, 811 mg Natrium

Fischstäbchen mit knuspriger Polenta

Zubereitungszeit: 10 Minuten

Kochzeit: 15 Minuten

Portionen: 4

Schwierigkeitsgrad: Schwierig

Zutaten:

- 2 große Eier, leicht geschlagen
- 1 Esslöffel 2 % Milch
- 1 Pfund Fischfilets ohne Haut, in 20 1 Zoll breite Streifen geschnitten
- ½ Tasse gelbes Maismehl
- ½ Tasse Vollkorn-Panko-Semmelbrösel
- ¼ Teelöffel geräuchertes Paprikapulver
- ¼ TL koscheres Salz oder Meersalz
- ¼ Teelöffel frisch gemahlener schwarzer Pfeffer
- Antihaft-Kochspray

Richtungen:

Legen Sie ein großes Backblech mit Rand in den Ofen. Heizen Sie den Ofen mit der Pfanne darin auf 400 °F vor. In einer großen Schüssel Eier und Milch vermischen. Die Fischstreifen mit einer Gabel zur Eimischung geben und vorsichtig umrühren.

Geben Sie Maismehl, Semmelbrösel, geräuchertes Paprikapulver, Salz und Pfeffer in einen viertelgroßen Plastikbeutel mit

Reißverschluss. Geben Sie den Fisch mit einer Gabel oder einer Zange in den Beutel und lassen Sie vor dem Umfüllen überschüssige Bräunung in die Schüssel tropfen. Fest verschließen und leicht schütteln, um jedes Fischstäbchen vollständig zu bedecken.

Nehmen Sie das heiße Backblech vorsichtig mit Topflappen aus dem Ofen und sprühen Sie es mit Antihaft-Kochspray ein. Nehmen Sie die Fischstäbchen mit einer Gabel oder einer Zange aus der Tüte und legen Sie sie auf das heiße Backblech. Lassen Sie zwischen ihnen Platz, damit die heiße Luft zirkulieren und sie knusprig werden kann. 5 bis 8 Minuten backen, bis der Fisch durch leichten Druck mit einer Gabel zerfällt, und servieren.

Nährwert (pro 100g): 256 Kalorien, 6 g Fett, 2 g Kohlenhydrate, 29 g Protein, 667 mg Natrium

Abendessen mit Lachs in der Pfanne

Zubereitungszeit: 15 Minuten

Kochzeit: 15 Minuten

Portionen: 4

Schwierigkeitsgrad: Mittel

Zutaten:

- 1 Esslöffel natives Olivenöl extra
- 2 gehackte Knoblauchzehen
- 1 Teelöffel geräuchertes Paprikapulver
- 1 Pint Trauben- oder Kirschtomaten, in Viertel geschnitten
- 1 Glas (12 Unzen) geröstete rote Paprika
- 1 Esslöffel Wasser
- ¼ Teelöffel frisch gemahlener schwarzer Pfeffer
- ¼ TL kosheres Salz oder Meersalz
- 1 Pfund Lachsfilets, ohne Haut, in 8 Stücke geschnitten
- 1 Esslöffel frisch gepresster Zitronensaft (von ½ mittelgroßen Zitrone)

Richtungen:

Bei mittlerer Hitze das Öl in einer Pfanne erhitzen. Den Knoblauch und das geräucherte Paprikapulver hinzufügen und 1 Minute lang unter häufigem Rühren kochen. Tomaten, geröstete Paprika, Wasser, schwarzen Pfeffer und Salz unterrühren. Die Hitze auf mittlere bis hohe Stufe einstellen, 3 Minuten köcheln lassen und die Tomaten bis zum Ende der Garzeit pürieren.

Legen Sie den Lachs in die Pfanne und gießen Sie etwas Soße darüber. Abdecken und 10-12 Minuten kochen lassen (145 °F mit einem Fleischthermometer) und gerade anfangen zu zerbröckeln.

Nehmen Sie die Pfanne vom Herd und streuen Sie Zitronensaft über den Fisch. Die Soße vermischen, dann den Lachs in Stücke schneiden. Aufschlag.

Nährwert (pro 100g): 289 Kalorien, 13 g Fett, 2 g Kohlenhydrate, 31 g Protein, 581 mg Natrium

Toskanische Thunfisch- und Zucchini-Burger

Zubereitungszeit: 10 Minuten
Kochzeit: 30 Minuten
Portionen: 4
Schwierigkeitsgrad: Mittel

Zutaten:

- 3 Scheiben Vollkornbrot, geröstet
- 2 Dosen (5 Unzen) Thunfisch in Olivenöl
- 1 Tasse geriebene Zucchini
- 1 großes Ei, leicht geschlagen
- ¼ Tasse gewürfelte rote Paprika
- 1 Esslöffel getrockneter Oregano
- 1 Teelöffel Zitronenschale
- ¼ Teelöffel frisch gemahlener schwarzer Pfeffer
- ¼ TL koscheres Salz oder Meersalz
- 1 Esslöffel natives Olivenöl extra
- Grüner Salat oder 4 Vollkornbrötchen zum Servieren (optional)

Richtungen:

Zerkrümeln Sie das Toastbrot mit den Fingern in Semmelbrösel (oder schneiden Sie es mit einem Messer in ¼-Zoll-Würfel), bis Sie 1 Tasse leicht gepackte Semmelbrösel haben. Die Krümel in eine große Schüssel geben. Thunfisch, Zucchini, Ei, Paprika, Oregano,

Zitronenschale, schwarzen Pfeffer und Salz hinzufügen. Mit einer Gabel gut vermischen. Teilen Sie die Mischung in vier Pastetchen (ungefähr so groß wie eine halbe Tasse) auf. Auf einen Teller legen und jedes Patty etwa ¾ Zoll dick flach drücken.

Bei mittlerer bis hoher Hitze das Öl in einer Pfanne erhitzen. Geben Sie die Patties in das heiße Öl und reduzieren Sie dann die Hitze auf mittlere Stufe. Die Patties 5 Minuten kochen, mit einem Spatel umdrehen und weitere 5 Minuten garen. Genießen Sie es pur oder servieren Sie es zu grünen Salaten oder Vollkornbrötchen.

Nährwert (pro 100g): 191 Kalorien, 10 g Fett, 2 g Kohlenhydrate, 15 g Protein, 661 mg Natrium

Sizilianische Grünkohl- und Thunfischschüssel

Zubereitungszeit: 15 Minuten
Kochzeit: 15 Minuten
Portionen: 6
Schwierigkeitsgrad: Mittel

Zutaten:

- 1 Pfund Grünkohl
- 3 Esslöffel natives Olivenöl extra
- 1 Tasse gehackte Zwiebel
- 3 Knoblauchzehen, gehackt
- 1 Dose (2,25 Unzen) geschnittene Oliven, abgetropft
- ¼ Tasse Kapern
- ¼ Teelöffel rote Paprika
- 2 Teelöffel Zucker
- 2 Dosen (6 Unzen) Thunfisch in Olivenöl
- 1 Dose (15 Unzen) Cannellini-Bohnen
- ¼ Teelöffel gemahlener schwarzer Pfeffer
- ¼ TL koscheres Salz oder Meersalz

Richtungen:

Dreiviertel des Wassers in einem Topf aufkochen. Den Grünkohl einrühren und 2 Minuten kochen lassen. Den Grünkohl mit einem Sieb abtropfen lassen und beiseite stellen.

Stellen Sie die leere Pfanne bei mittlerer Hitze wieder auf den Herd und geben Sie das Öl hinzu. Die Zwiebel einrühren und unter ständigem Rühren 4 Minuten kochen lassen. Den Knoblauch hinzufügen und 1 Minute kochen lassen. Oliven, Kapern und zerkleinerte rote Paprika dazugeben und 1 Minute kochen lassen. Zum Schluss den teilweise gekochten Grünkohl und den Zucker hinzufügen und umrühren, bis der Grünkohl vollständig mit Öl bedeckt ist. Den Topf schließen und 8 Minuten kochen lassen.

Den Grünkohl vom Herd nehmen, Thunfisch, Bohnen, Pfeffer und Salz hinzufügen und servieren.

Nährwert (pro 100g): 265 Kalorien, 12 g Fett, 7 g Kohlenhydrate, 16 g Protein, 715 mg Natrium

Mediterraner Kabeljau-Eintopf

Zubereitungszeit: 10 Minuten

Kochzeit: 20 Minuten

Portionen: 6

Schwierigkeitsgrad: Mittel

Zutaten:

- 2 Esslöffel natives Olivenöl extra
- 2 Tassen gehackte Zwiebel
- 2 Knoblauchzehen, gehackt
- ¾ Teelöffel geräuchertes Paprikapulver
- 1 Dose (14,5 Unzen) gewürfelte Tomaten, nicht abgetropft
- 1 Glas (12 Unzen) geröstete rote Paprika
- 1 Tasse geschnittene Oliven, grün oder schwarz
- 1/3 Tasse trockener Rotwein
- ¼ Teelöffel frisch gemahlener schwarzer Pfeffer
- ¼ TL koscheres Salz oder Meersalz
- 1½ Pfund Kabeljaufilets, in 1-Zoll-Stücke geschnitten
- 3 Tassen geschnittene Pilze

Richtungen:

Das Öl in einem Topf erhitzen. Die Zwiebel einrühren und 4 Minuten kochen lassen, dabei gelegentlich umrühren. Knoblauch und geräuchertes Paprikapulver einrühren und unter häufigem Rühren 1 Minute kochen lassen.

Kombinieren Sie die Tomaten mit ihrem Saft, gerösteten Paprika, Oliven, Wein, Pfeffer und Salz und erhöhen Sie die Hitze auf mittelhoch. Zum Kochen bringen. Den Kabeljau und die Pilze dazugeben und die Hitze auf mittlere Stufe reduzieren.

Unter gelegentlichem Rühren etwa 10 Minuten kochen lassen, bis der Kabeljau gar ist und leicht zerfällt, und servieren.

Nährwert (pro 100g): 220 Kalorien, 8 g Fett, 3 g Kohlenhydrate, 28 g Protein, 583 mg Natrium

Gedämpfte Muscheln in Weißweinsauce

Zubereitungszeit: 5 Minuten

Kochzeit: 10 Minuten

Portionen: 4

Schwierigkeitsgrad: Schwierig

Zutaten:

- 2 Pfund kleine Muscheln
- 1 Esslöffel natives Olivenöl extra
- 1 Tasse gehackte rote Zwiebel
- 3 Knoblauchzehen, in Scheiben geschnitten
- 1 Tasse trockener Weißwein
- 2 Zitronenscheiben (¼ Zoll dick)
- ¼ Teelöffel frisch gemahlener schwarzer Pfeffer
- ¼ TL koscheres Salz oder Meersalz
- Frische Zitronenspalten zum Servieren (optional)

Richtungen:

In einem großen Sieb in der Spüle kaltes Wasser über die Muscheln laufen lassen (aber die Muscheln nicht im stehenden Wasser stehen lassen). Alle Schalen müssen dicht verschlossen sein; Entsorgen Sie alle Schalen, die leicht geöffnet sind oder Risse aufweisen. Lassen Sie die Muscheln im Sieb, bis Sie sie verwenden möchten.

In einer großen Pfanne das Öl erhitzen. Die Zwiebel einrühren und 4 Minuten kochen lassen, dabei gelegentlich umrühren. Den Knoblauch hinzufügen und 1 Minute unter ständigem Rühren kochen. Wein, Zitronenscheiben, Pfeffer und Salz hinzufügen und zum Kochen bringen. 2 Minuten kochen lassen.

Die Muscheln hinzufügen und abdecken. Kochen, bis die Muscheln ihre Schalen öffnen. Schütteln Sie die Pfanne während des Kochens zwei- bis dreimal vorsichtig.

Alle Schalen sollten jetzt weit geöffnet sein. Entsorgen Sie die noch geschlossenen Muscheln mit einem Schaumlöffel. Geben Sie die geöffneten Muscheln in eine flache Servierschüssel und gießen Sie die Brühe darüber. Nach Belieben mit zusätzlichen frischen Zitronenscheiben servieren.

Nährwert (pro 100g): 222 Kalorien, 7 g Fett, 1 g Kohlenhydrate, 18 g Protein, 708 mg Natrium

Orangen- und Knoblauchgarnelen

Zubereitungszeit: 20 Minuten
Kochzeit: 10 Minuten
Portionen: 6
Schwierigkeitsgrad: Schwierig

Zutaten:

- 1 große Orange
- 3 Esslöffel natives Olivenöl extra, geteilt
- 1 Esslöffel gehackter frischer Rosmarin
- 1 Esslöffel gehackter frischer Thymian
- 3 Knoblauchzehen, gehackt (ca. 1½ Teelöffel)
- ¼ Teelöffel frisch gemahlener schwarzer Pfeffer
- ¼ TL koscheres Salz oder Meersalz
- 1½ Pfund frische rohe Garnelen, ohne Schale und Schwanz

Richtungen:

Die ganze Orange mit einer Zitrusreibe abreiben. Orangenschale und 2 EL Öl mit Rosmarin, Thymian, Knoblauch, Pfeffer und Salz vermischen. Die Garnelen einrühren, den Beutel verschließen und die Garnelen sanft massieren, bis sich alle Zutaten vermischt haben und die Garnelen vollständig mit Gewürzen bedeckt sind. Zur Seite legen.

Erhitzen Sie einen Grill, eine Grillpfanne oder eine große Pfanne bei mittlerer Hitze. Den restlichen 1 Esslöffel Öl einpinseln oder einrühren. Fügen Sie die Hälfte der Garnelen hinzu und kochen Sie sie 4 bis 6 Minuten lang oder bis die Garnelen rosa und weiß werden. Beim Grillen nach der Hälfte der Garzeit wenden oder beim Grillen jede Minute umrühren. Geben Sie die Garnelen wieder in eine große Servierschüssel. Wiederholen Sie den Vorgang und legen Sie sie in die Schüssel.

Während die Garnelen kochen, schälen Sie die Orange und schneiden Sie das Fruchtfleisch in mundgerechte Stücke. In eine Servierschüssel geben und mit den gekochten Garnelen vermengen. Sofort servieren oder im Kühlschrank aufbewahren und kalt servieren.

Nährwert (pro 100g):190 Kalorien, 8 g Fett, 1 g Kohlenhydrate, 24 g Protein, 647 mg Natrium

Gebratener Garnelen-Gnocchi-Auflauf

Zubereitungszeit: 10 Minuten

Kochzeit: 20 Minuten

Portionen: 4

Schwierigkeitsgrad: Mittel

Zutaten:

- 1 Tasse gehackte frische Tomate
- 2 Esslöffel natives Olivenöl extra
- 2 Knoblauchzehen, gehackt
- ½ Teelöffel frisch gemahlener schwarzer Pfeffer
- ¼ Teelöffel zerstoßener roter Pfeffer
- 1 Glas (12 Unzen) geröstete rote Paprika
- 1 Pfund frische rohe Garnelen, ohne Schale und Schwanz
- 1 Pfund gefrorene Gnocchi (nicht aufgetaut)
- ½ Tasse gewürfelter Feta-Käse
- 1/3 Tasse zerrissene frische Basilikumblätter

Richtungen:

Ofen auf 425°F vorheizen. In einer Auflaufform Tomaten, Öl, Knoblauch, schwarzen Pfeffer und zerstoßenen roten Pfeffer vermischen. 10 Minuten backen.

Geröstete Paprika und Garnelen unterrühren. Weitere 10 Minuten rösten, bis die Garnelen rosa und weiß werden.

Während die Garnelen kochen, kochen Sie die Gnocchi auf dem Herd gemäß den Anweisungen in der Packung. In einem Sieb abtropfen lassen und warm halten. Nehmen Sie die Form aus dem Ofen. Gekochte Gnocchi, Feta und Basilikum unterrühren und servieren.

Nährwert (pro 100g): 277 Kalorien, 7 g Fett, 1 g Kohlenhydrate, 20 g Protein, 711 mg Natrium

Würzige Puttanesca-Garnele

Zubereitungszeit: 5 Minuten

Kochzeit: 15 Minuten

Portionen: 4

Schwierigkeitsgrad: Mittel

Zutaten:

- 2 Esslöffel natives Olivenöl extra
- 3 Sardellenfilets, abgetropft und gehackt
- 3 Knoblauchzehen, gehackt
- ½ Teelöffel zerstoßener roter Pfeffer
- 1 Dose (14,5 Unzen) gewürfelte Tomaten mit niedrigem Natriumgehalt oder ohne Salzzusatz, nicht abgetropft
- 1 Dose (2,25 Unzen) schwarze Oliven
- 2 Esslöffel Kapern
- 1 Esslöffel gehackter frischer Oregano
- 1 Pfund frische rohe Garnelen, ohne Schale und Schwanz

Richtungen:

Bei mittlerer Hitze das Öl erhitzen. Sardellen, Knoblauch und zerstoßene rote Paprika mischen. Unter häufigem Rühren 3 Minuten kochen lassen und die Sardellen mit einem Holzlöffel zerdrücken, bis sie im Öl geschmolzen sind.

Tomaten mit Saft, Oliven, Kapern und Oregano unterrühren. Erhöhen Sie die Hitze auf mittelhoch und bringen Sie es zum Kochen.

Wenn die Soße Blasen bildet, die Garnelen unterrühren. Wählen Sie die Hitze auf mittlere Stufe und kochen Sie die Garnelen, bis sie rosa und weiß werden, und servieren Sie sie dann.

Nährwert (pro 100g): 214 Kalorien, 10 g Fett, 2 g Kohlenhydrate, 26 g Protein, 591 mg Natrium

Italienische Thunfisch-Sandwiches

Zubereitungszeit: 10 Minuten

Kochzeit: 0 Minuten

Portionen: 4

Schwierigkeitsgrad: Leicht

Zutaten:

- 3 Esslöffel frisch gepresster Zitronensaft
- 2 Esslöffel natives Olivenöl extra
- 1 Knoblauchzehe, gehackt
- ½ Teelöffel frisch gemahlener schwarzer Pfeffer
- 2 Dosen (5 Unzen) Thunfisch, abgetropft
- 1 Dose (2,25 Unzen) geschnittene Oliven
- ½ Tasse gehackter frischer Fenchel, einschließlich der Blätter
- 8 Scheiben knuspriges Vollkornbrot

Richtungen:

Zitronensaft, Öl, Knoblauch und Pfeffer vermischen. Thunfisch, Oliven und Fenchel hinzufügen. Brechen Sie den Thunfisch mit einer Gabel in Stücke und verrühren Sie alle Zutaten.

Den Thunfischsalat gleichmäßig auf 4 Brotscheiben verteilen. Jeweils mit den restlichen Brotscheiben belegen. Lassen Sie die Sandwiches mindestens 5 Minuten ruhen, damit die würzige Füllung vor dem Servieren in das Brot einziehen kann.

Nährwert (pro 100g): 347 Kalorien, 17 g Fett, 5 g Kohlenhydrate, 25 g Protein, 447 mg Natrium

Lachs-Dill-Salat-Wraps

Zubereitungszeit: 10 Minuten

Kochzeit: 10 Minuten

Portionen: 6

Schwierigkeitsgrad: Leicht

Zutaten:

- 1 Pfund Lachsfilet, gekocht und zerbröselt
- ½ Tasse gewürfelte Karotten
- ½ Tasse gewürfelter Sellerie
- 3 Esslöffel gehackter frischer Dill
- 3 Esslöffel gewürfelte rote Zwiebel
- 2 Esslöffel Kapern
- 1½ Esslöffel natives Olivenöl extra
- 1 Esslöffel gereifter Balsamico-Essig
- ½ Teelöffel frisch gemahlener schwarzer Pfeffer
- ¼ TL koscheres Salz oder Meersalz
- 4 Vollkorn-Fladenbrot-Wraps oder weiche Vollkorn-Tortillas

Richtungen:

Lachs, Karotten, Sellerie, Dill, rote Zwiebeln, Kapern, Öl, Essig, Pfeffer und Salz vermischen. Den Lachssalat auf die Fladenbrote verteilen. Den Boden des Fladenbrots zerdrücken, dann den Wrap aufrollen und servieren.

Nährwert (pro 100g): 336 Kalorien, 16 g Fett, 5 g Kohlenhydrate, 32 g Protein, 884 mg Natrium

Weiße Muschel-Pizza-Torte

Zubereitungszeit: 10 Minuten

Kochzeit: 20 Minuten

Portionen: 4

Schwierigkeitsgrad: Schwierig

Zutaten:

- 1 Pfund gekühlter frischer Pizzateig
- Antihaft-Kochspray
- 2 Esslöffel natives Olivenöl extra, geteilt
- 2 Knoblauchzehen, gehackt (ca. 1 Teelöffel)
- ½ Teelöffel zerstoßener roter Pfeffer
- 1 Dose (10 Unzen) ganze Muscheln, abgetropft
- ¼ Tasse trockener Weißwein
- Allzweckmehl zum Bestäuben
- 1 Tasse gewürfelter Mozzarella-Käse
- 1 Esslöffel geriebener Pecorino Romano oder Parmesan
- 1 Esslöffel gehackte frische glatte (italienische) Petersilie

Richtungen:

Heizen Sie den Ofen auf 500 °F vor. Bestreichen Sie ein großes Backblech mit Rand mit Antihaft-Kochspray.

In einer großen Pfanne 1½ Esslöffel Öl erhitzen. Den Knoblauch und die zerstoßene rote Paprika dazugeben und 1 Minute kochen lassen, dabei häufig umrühren, damit der Knoblauch nicht anbrennt. Den beiseite gestellten Muschelsaft und den Wein hinzufügen. Bei starker Hitze zum Kochen bringen. Reduzieren Sie die Hitze auf mittlere Stufe, sodass die Sauce köchelt, und kochen Sie sie unter gelegentlichem Rühren 10 Minuten lang. Die Soße kocht und wird dicker.

Legen Sie die Muscheln hinein und kochen Sie sie 3 Minuten lang, wobei Sie gelegentlich umrühren. Während die Sauce kocht, formen Sie den Pizzateig auf einer leicht bemehlten Oberfläche mit einem Nudelholz oder durch Ausziehen mit den Händen zu einem 30 cm großen Kreis oder einem 25 x 30 cm großen Rechteck. Den Teig auf das vorbereitete Backblech legen. Den Teig mit dem restlichen ½ Esslöffel Öl einfetten. Beiseite stellen, bis die Muschelsauce fertig ist.

Verteilen Sie die Muschelsauce auf dem vorbereiteten Teig, bis sie einen Zentimeter vom Rand entfernt ist. Mit Mozzarella belegen und mit Pecorino Romano bestreuen.

10 Minuten backen. Nehmen Sie die Pizza aus dem Ofen und legen Sie sie auf ein Holzbrett. Mit Petersilie garnieren, mit einem Pizzaschneider oder einem scharfen Messer in acht Stücke schneiden und servieren.

Nährwert (pro 100g): 541 Kalorien, 21 g Fett, 1 g Kohlenhydrate, 32 g Protein, 688 mg Natrium

Fischmehl mit gebackenen Bohnen

Zubereitungszeit: 10 Minuten

Kochzeit: 10 Minuten

Portionen: 4

Schwierigkeitsgrad: Leicht

Zutaten:

- 1 Esslöffel Balsamico-Essig
- 2 ½ Tassen grüne Bohnen
- 1 Pint Kirsch- oder Traubentomaten
- 4 Fischfilets (je 4 Unzen), z. B. Kabeljau oder Tilapia
- 2 Esslöffel Olivenöl

Richtungen:

Einen Ofen auf 400 Grad vorheizen. Zwei Backbleche mit Olivenöl oder Olivenölspray einfetten. Auf jedem Blatt 2 Fischfilets anrichten. Olivenöl und Essig in eine Salatschüssel geben. Mischen, um sich gut miteinander zu vermischen.

Grüne Bohnen und Tomaten mischen. Mischen, um sich gut miteinander zu vermischen. Mischen Sie die beiden Mischungen gut. Die Mischung auch zu den Fischfilets geben. 6 bis 8 Minuten backen, bis der Fisch undurchsichtig ist und sich leicht zerbröseln lässt. Heiß servieren.

Nährwert (pro 100g): 229 Kalorien, 13 g Fett, 8 g Kohlenhydrate, 2,5 g Protein, 559 mg Natrium

Kabeljau-Eintopf mit Pilzen

Zubereitungszeit: 10 Minuten
Kochzeit: 20 Minuten
Portionen: 6
Schwierigkeitsgrad: Leicht

Zutaten:

- 2 Esslöffel natives Olivenöl extra
- 2 Knoblauchzehen, gehackt
- 1 Dose Tomaten
- 2 Tassen gehackte Zwiebel
- ¾ Teelöffel geräuchertes Paprikapulver
- ein Glas (12 Unzen) geröstete rote Paprika
- 1/3 Tasse trockener Rotwein
- ¼ Teelöffel koscheres Salz oder Meersalz
- ¼ Teelöffel schwarzer Pfeffer
- 1 Tasse schwarze Oliven
- 1 ½ Pfund Kabeljaufilets, in 1-Zoll-Stücke geschnitten
- 3 Tassen geschnittene Pilze

Richtungen:

Nehmen Sie einen mittelgroßen bis großen Topf und erhitzen Sie das Öl bei mittlerer Hitze. Die Zwiebeln hinzufügen und unter Rühren 4 Minuten kochen lassen. Knoblauch und geräuchertes Paprikapulver hinzufügen; 1 Minute kochen, dabei häufig umrühren. Tomaten mit Saft, gerösteten Paprika, Oliven, Wein,

Pfeffer und Salz hinzufügen; Vorsichtig umrühren. Kochen Sie die Mischung. Kabeljau und Pilze hinzufügen; Hitze auf mittlere Stufe reduzieren. Verschließen und kochen, bis sich der Kabeljau leicht zerteilen lässt, dabei zwischendurch umrühren. Heiß servieren.

Nährwert (pro 100g): 238 Kalorien, 7 g Fett, 15 g Kohlenhydrate, 3,5 g Protein, 772 mg Natrium

Gewürzter Schwertfisch

Zubereitungszeit: 10 Minuten

Kochzeit: 15 Minuten

Portionen: 4

Schwierigkeitsgrad: Mittel

Zutaten:

- 4 (je 7 Unzen) Schwertfischsteaks
- 1/2 Teelöffel gemahlener schwarzer Pfeffer
- 12 Knoblauchzehen, geschält
- 3/4 TL Salz
- 1 1/2 Teelöffel gemahlener Kreuzkümmel
- 1 Teelöffel Paprika
- 1 Teelöffel Koriander
- 3 Esslöffel Zitronensaft
- 1/3 Tasse Olivenöl

Richtungen:

Nehmen Sie einen Mixer oder eine Küchenmaschine, öffnen Sie den Deckel und fügen Sie alle Zutaten außer dem Schwertfisch hinzu. Schließen Sie den Deckel und mixen Sie, bis eine glatte Masse entsteht. Fischsteaks trocken tupfen; Gleichmäßig mit der vorbereiteten Gewürzmischung bestreichen.

Legen Sie sie auf Aluminiumfolie, decken Sie sie ab und stellen Sie sie 1 Stunde lang in den Kühlschrank. Eine Bratpfanne bei starker

Hitze vorheizen, etwas Öl hineingeben und erhitzen. Die Fischsteaks hinzufügen; 5 bis 6 Minuten auf jeder Seite rühren, bis alles gar und gleichmäßig gebräunt ist. Heiß servieren.

Nährwert (pro 100g):255 Kalorien, 12 g Fett, 4 g Kohlenhydrate, 0,5 g Protein, 990 mg Natrium

Sardellen-Pasta-Manie

Zubereitungszeit: 10 Minuten
Kochzeit: 20 Minuten
Portionen: 4
Schwierigkeitsgrad: Leicht

Zutaten:

- 4 Sardellenfilets, eingewickelt in Olivenöl
- ½ Pfund Brokkoli, in 2,5 cm große Röschen geschnitten
- 2 Knoblauchzehen, in Scheiben geschnitten
- 1 Pfund Vollkorn-Penne
- 2 Esslöffel Olivenöl
- ¼ Tasse Parmesan, gerieben
- Salz und schwarzer Pfeffer nach Geschmack
- Rote Pfefferflocken nach Geschmack

Richtungen:

Nudeln wie auf der Packung angegeben kochen; abtropfen lassen und beiseite stellen. Nehmen Sie einen mittelgroßen Topf oder eine Pfanne und geben Sie Öl hinzu. Bei mittlerer Hitze erhitzen. Sardellen, Brokkoli und Knoblauch dazugeben und unter Rühren 4 bis 5 Minuten kochen, bis das Gemüse weich ist. Vom Feuer nehmen; unter die Nudeln rühren. Heiß mit Parmesankäse, roten Pfefferflocken, Salz und schwarzem Pfeffer darüberstreuen servieren.

Nährwert (pro 100g): 328 Kalorien, 8 g Fett, 35 g Kohlenhydrate, 7 g Protein, 834 mg Natrium

Garnelen-Knoblauch-Pasta

Zubereitungszeit: 10 Minuten

Kochzeit: 15 Minuten

Portionen: 4

Schwierigkeitsgrad: Leicht

Zutaten:

- 1 Pfund Garnelen, geschält und entdarmt
- 3 Knoblauchzehen, gehackt
- 1 Zwiebel, fein gehackt
- 1 Packung Vollkorn- oder Bohnennudeln Ihrer Wahl
- 4 Esslöffel Olivenöl
- Salz und schwarzer Pfeffer nach Geschmack
- ¼ Tasse Basilikum, in Streifen geschnitten
- ¾ Tasse Hühnerbrühe, natriumarm

Richtungen:

Nudeln wie auf der Packung angegeben kochen; abspülen und beiseite stellen. Nehmen Sie einen mittelgroßen Topf, geben Sie das Öl hinzu und erhitzen Sie es erneut bei mittlerer Hitze. Fügen Sie die Zwiebel und den Knoblauch hinzu und braten Sie sie 3 Minuten lang an, bis sie glasig sind und duften.

Garnelen, schwarzen Pfeffer (gemahlen) und Salz hinzufügen; 3 Minuten rühren, bis die Garnelen undurchsichtig sind. Die Brühe hinzufügen und weitere 2-3 Minuten köcheln lassen. Geben Sie die Nudeln auf die Servierteller. Garnelenmischung darüber geben; Heiß mit Basilikum servieren.

Nährwert (pro 100g): 605 Kalorien, 17 g Fett, 53 g Kohlenhydrate, 19 g Protein, 723 mg Natrium

Lachs mit Honig und Essig

Zubereitungszeit: 10 Minuten

Kochzeit: 5 Minuten

Portionen: 4

Schwierigkeitsgrad: Leicht

Zutaten:

- 4 Lachsfilets (8 Unzen)
- 1/2 Tasse Balsamico-Essig
- 1 Esslöffel Honig
- Schwarzer Pfeffer und Salz nach Geschmack
- 1 Esslöffel Olivenöl

Richtungen:

Honig und Essig vermischen. Mischen, um sich gut miteinander zu vermischen.

Fischfilets mit schwarzem Pfeffer (gemahlen) und Meersalz würzen; Mit Honigglasur bestreichen. Nehmen Sie einen mittelgroßen Topf oder eine mittelgroße Pfanne und geben Sie Öl hinein. Bei mittlerer Hitze erhitzen. Fügen Sie die Lachsfilets hinzu und kochen Sie sie 3 bis 4 Minuten auf jeder Seite, bis sie in der Mitte mittelbraun und leicht gebräunt sind. Heiß servieren.

Nährwert (pro 100g): 481 Kalorien, 16 g Fett, 24 g Kohlenhydrate, 1,5 g Protein, 673 mg Natrium

Orangefarbenes Fischmehl

Zubereitungszeit: 10 Minuten

Kochzeit: 5 Minuten

Portionen: 4

Schwierigkeitsgrad: Leicht

Zutaten:

- ¼ Teelöffel koscheres Salz oder Meersalz
- 1 Esslöffel natives Olivenöl extra
- 1 Esslöffel Orangensaft
- 4 Tilapiafilets (4 Unzen), mit oder ohne Haut
- ¼ Tasse gehackte rote Zwiebel
- 1 Avocado, entkernt, geschält und in Scheiben geschnitten

Richtungen:

Nehmen Sie eine 9-Zoll-Auflaufform; Olivenöl, Orangensaft und Salz hinzufügen. Gut mischen. Die Fischfilets hinzufügen und gut damit bestreichen. Die Zwiebeln zu den Fischfilets geben. Mit Plastikfolie abdecken. 3 Minuten in der Mikrowelle erhitzen, bis der Fisch gar ist und sich leicht zerteilen lässt. Heiß mit Avocadoscheiben oben servieren.

Nährwert (pro 100g): 231 Kalorien, 9 g Fett, 8 g Kohlenhydrate, 2,5 g Protein, 536 mg Protein

Garnelen-Zoodles

Zubereitungszeit: 10 Minuten
Kochzeit: 5 Minuten
Portionen: 2
Schwierigkeitsgrad: Leicht

Zutaten:

- 2 Esslöffel gehackte Petersilie
- 2 Teelöffel gehackter Knoblauch
- 1 Teelöffel Salz
- ½ Teelöffel schwarzer Pfeffer
- 2 mittelgroße Zucchini, spiralisiert
- 3/4 Pfund mittelgroße Garnelen, geschält und entdarmt
- 1 Esslöffel Olivenöl
- 1 Zitrone, ausgepresst und abgerieben

Richtungen:

Nehmen Sie einen mittelgroßen Topf oder eine Pfanne und geben Sie Öl, Zitronensaft und Zitronenschale hinzu. Bei mittlerer Hitze erhitzen. Die Garnelen dazugeben und unter Rühren auf jeder Seite 1 Minute anbraten. Knoblauch und Paprikaflocken noch 1 Minute anbraten. Zoodles hinzufügen und vorsichtig umrühren; 3 Minuten kochen lassen, bis alles zufriedenstellend gegart ist. Gut würzen, heiß mit Petersilie servieren.

Nährwert (pro 100g): 329 Kalorien, 12 g Fett, 11 g Kohlenhydrate, 3 g Protein, 734 mg Natrium

Spargel-Forellenmehl

Zubereitungszeit: 10 Minuten

Kochzeit: 20 Minuten

Portionen: 4

Schwierigkeitsgrad: Leicht

Zutaten:

- 2 Pfund Forellenfilets
- 1 Pfund Spargel
- Salz und gemahlener weißer Pfeffer nach Geschmack
- 1 Esslöffel Olivenöl
- 1 Knoblauchzehe, fein gehackt
- 1 Schalotte, gehackt (grüner und weißer Teil)
- 4 mittelgoldene Kartoffeln, in dünne Scheiben geschnitten
- 2 Roma-Tomaten, gehackt
- 8 entkernte Kalamata-Oliven, gehackt
- 1 große Karotte, in dünne Scheiben geschnitten
- 2 Esslöffel getrocknete Petersilie
- Tasse gemahlener Kreuzkümmel
- 2 Esslöffel Paprika
- 1 Esslöffel Gemüsebrühe würzen
- ½ Tasse trockener Weißwein

Richtungen:

Die Fischfilets, den weißen Pfeffer und das Salz in eine Salatschüssel geben. Mischen, um sich gut miteinander zu vermischen. Nehmen Sie einen mittelgroßen Topf oder eine Pfanne und geben Sie Öl hinzu. Bei mittlerer Hitze erhitzen. Spargel, Kartoffeln, Knoblauch und den weißen Teil der Frühlingszwiebeln hinzufügen und 4 bis 5 Minuten kochen, bis sie weich sind. Tomaten, Karotten und Oliven hinzufügen; 6-7 Minuten rühren, bis es weich ist. Kreuzkümmel, Paprika, Petersilie, Brühe, Gewürze und Salz hinzufügen. Mischen Sie die Mischung gut.

Weißwein und Fischfilets vermischen. Bei schwacher Hitze zugedeckt ca. 6 Minuten köcheln lassen, bis sich der Fisch leicht zerteilen lässt, dabei zwischendurch umrühren. Heiß mit Frühlingszwiebeln servieren.

Nährwert (pro 100g): 303 Kalorien, 17 g Fett, 37 g Kohlenhydrate, 6 g Protein, 722 mg Natrium

Thunfisch mit Grünkohl-Oliven

Zubereitungszeit: 10 Minuten

Kochzeit: 15 Minuten

Portionen: 6

Schwierigkeitsgrad: Mittel

Zutaten:

- 1 Tasse gehackte Zwiebel
- 3 Knoblauchzehen, gehackt
- 1 Dose (2,25 Unzen) geschnittene Oliven, abgetropft
- 1 Pfund Grünkohl, gehackt
- 3 Esslöffel natives Olivenöl extra
- ¼ Tasse Kapern
- ¼ Teelöffel zerstoßener roter Pfeffer
- 2 Teelöffel Zucker
- 1 Dose (15 Unzen) Cannellini-Bohnen
- 2 Dosen (6 Unzen) Thunfisch in Olivenöl, nicht abgetropft
- ¼ Teelöffel schwarzer Pfeffer
- ¼ Teelöffel kosheres Salz oder Meersalz

Richtungen:

Grünkohl 2 Minuten in kochendem Wasser einweichen; abtropfen lassen und beiseite stellen. Nehmen Sie einen mittelgroßen Topf oder Topf und erhitzen Sie das Öl bei mittlerer Hitze. Die Zwiebel dazugeben und anbraten, bis sie glasig und weich wird. Knoblauch hinzufügen und 1 Minute lang rühren, bis es duftet.

Oliven, Kapern und rote Paprika dazugeben und unter Rühren 1 Minute kochen lassen. Gekochten Grünkohl und Zucker vermischen. Bei schwacher Hitze zugedeckt ca. 8–10 Minuten köcheln lassen, zwischendurch umrühren. Thunfisch, Bohnen, Pfeffer und Salz hinzufügen. Gut vermischen und heiß servieren.

Nährwert (pro 100g): 242 Kalorien, 11 g Fett, 24 g Kohlenhydrate, 7 g Protein, 682 mg Natrium

Scharfe Garnelen mit Rosmarin

Zubereitungszeit: 10 Minuten

Kochzeit: 10 Minuten

Portionen: 6

Schwierigkeitsgrad: Leicht

Zutaten:

- 1 große Orange, geschält und geschält
- 3 Knoblauchzehen, gehackt
- 1 ½ Pfund rohe Garnelen, ohne Schale und Schwanz
- 3 Esslöffel Olivenöl
- 1 Esslöffel gehackter Thymian
- 1 Esslöffel gehackter Rosmarin
- ¼ Teelöffel schwarzer Pfeffer
- ¼ Teelöffel koscheres Salz oder Meersalz

Richtungen:

Nehmen Sie einen Plastikbeutel mit Reißverschluss und fügen Sie Orangenschale, Garnelen, 2 EL Olivenöl, Knoblauch, Thymian, Rosmarin, Salz und schwarzen Pfeffer hinzu. Gut schütteln und 5 Minuten marinieren lassen.

Nehmen Sie einen mittelgroßen Topf oder eine Bratpfanne und geben Sie 1 Esslöffel Olivenöl hinzu. Bei mittlerer Hitze erhitzen. Fügen Sie die Garnelen hinzu und kochen Sie sie auf jeder Seite 2-3 Minuten lang, bis sie vollständig rosa und undurchsichtig sind. Die Orange in mundgerechte Spalten schneiden und auf einen Servierteller geben. Die Garnelen dazugeben und gut vermischen. Frisch servieren.

Nährwert (pro 100g): 187 Kalorien, 7 g Fett, 6 g Kohlenhydrate, 0,5 g Protein, 673 mg Natrium

Spargellachs

Zubereitungszeit: 10 Minuten

Kochzeit: 15 Minuten

Portionen: 2

Schwierigkeitsgrad: Leicht

Zutaten:

- Spargel in einem 8,8-Unzen-Bündel
- 2 kleine Lachsfilets
- 1 ½ Teelöffel Salz
- 1 Teelöffel schwarzer Pfeffer
- 1 Esslöffel Olivenöl
- 1 Tasse Sauce Hollandaise, kohlenhydratarm

Richtungen:

Die Lachsfilets gut würzen. Nehmen Sie einen mittelgroßen Topf oder eine mittelgroße Pfanne und geben Sie Öl hinein. Bei mittlerer Hitze erhitzen.

Fügen Sie die Lachsfilets hinzu und kochen Sie sie unter Rühren 4 bis 5 Minuten pro Seite, bis sie gleichmäßig angebraten und durchgegart sind. Spargel hinzufügen und weitere 4-5 Minuten kochen lassen. Heiß mit Sauce Hollandaise servieren.

Nährwert (pro 100g): 565 Kalorien, 7 g Fett, 8 g Kohlenhydrate, 2,5 g Protein, 559 mg Natrium

Haselnuss-Thunfischsalat

Zubereitungszeit: 10 Minuten

Kochzeit: 0 Minuten

Portionen: 4

Schwierigkeitsgrad: Leicht

Zutaten:

- 1 Esslöffel gehackter Estragon
- 1 Selleriestange, geputzt und fein gewürfelt
- 1 mittelgroße Schalotte, gewürfelt
- 3 Esslöffel gehackter Schnittlauch
- 1 Dose (5 Unzen) Thunfisch (mit Olivenöl bedeckt), abgetropft und zerbröselt
- 1 Teelöffel Dijon-Senf
- 2-3 Esslöffel Mayonnaise
- 1/4 Teelöffel Salz
- 1/8 Teelöffel Pfeffer
- 1/4 Tasse Pinienkerne, geröstet

Richtungen:

In eine große Salatschüssel Thunfisch, Schalotte, Schnittlauch, Estragon und Sellerie geben. Mischen, um sich gut miteinander zu vermischen. In eine Schüssel Mayonnaise, Senf, Salz und schwarzen Pfeffer geben. Mischen, um sich gut miteinander zu vermischen. Mayonnaise-Mischung in die Schüssel geben; Zum Kombinieren gut vermischen. Die Pinienkerne hinzufügen und erneut verrühren. Frisch servieren.

Nährwert (pro 100g): 236 Kalorien, 14 g Fett, 4 g Kohlenhydrate, 1 g Protein, 593 mg Natrium

Cremige Garnelensuppe

Zubereitungszeit: 10 Minuten

Kochzeit: 35 Min

Portionen: 6

Schwierigkeitsgrad: Mittel

Zutaten:

- 1 Pfund mittelgroße Garnelen, geschält und entdarmt
- 1 Lauch, sowohl weiße als auch hellgrüne Teile, in Scheiben geschnitten
- 1 mittelgroße Fenchelknolle, gehackt
- 2 Esslöffel Olivenöl
- 3 Selleriestangen, gehackt
- 1 Knoblauchzehe, gehackt
- Meersalz und gemahlener Pfeffer nach Geschmack
- 4 Tassen Gemüse- oder Hühnerbrühe
- 1 Esslöffel Fenchelsamen
- 2 Esslöffel helle Sahne
- Saft von 1 Zitrone

Richtungen:

Nehmen Sie einen mittelgroßen Topf oder Schmortopf und erhitzen Sie das Öl bei mittlerer Hitze. Sellerie, Lauch und Fenchel hinzufügen und unter Rühren etwa 15 Minuten kochen, bis das Gemüse weich und goldbraun ist. Knoblauch hinzufügen; Mit schwarzem Pfeffer und Meersalz abschmecken. Die Fenchelsamen hinzufügen und vermischen.

Mit der Brühe aufgießen und zum Kochen bringen. Bei schwacher Hitze etwa 20 Minuten köcheln lassen, zwischendurch umrühren. Garnelen hinzufügen und 3 Minuten kochen, bis sie rosa sind. Sahne und Zitronensaft einrühren; heiß servieren.

Nährwert (pro 100g): 174 Kalorien, 5 g Fett, 9,5 g Kohlenhydrate, 2 g Protein, 539 mg Natrium

Gewürzter Lachs mit Gemüsequinoa

Zubereitungszeit: 30 Minuten

Kochzeit: 10 Minuten

Portionen: 4

Schwierigkeitsgrad: Schwierig

Zutaten:

- 1 Tasse ungekochter Quinoa
- 1 Teelöffel Salz, halbiert
- ¾ Tasse Gurken, entkernt, gewürfelt
- 1 Tasse Kirschtomaten, halbiert
- ¼ Tasse rote Zwiebel, gehackt
- 4 frische Basilikumblätter, in dünne Scheiben geschnitten
- Die Schale einer Zitrone
- ¼ Teelöffel schwarzer Pfeffer
- 1 Teelöffel Kreuzkümmel
- ½ Teelöffel Paprika
- 4 Lachsfilets (5 oz)
- 8 Zitronenspalten
- ¼ Tasse frische Petersilie, gehackt

Richtungen:

In einen mittelgroßen Topf Quinoa, 2 Tassen Wasser und ½ Teelöffel Salz geben. Erhitze sie, bis das Wasser kocht, und reduziere dann die Temperatur, bis es köchelt. Decken Sie die Pfanne ab und kochen Sie sie 20 Minuten lang oder so lange, wie auf der Quinoa-Packung angegeben. Schalten Sie den Brenner unter dem Quinoa aus und lassen Sie es abgedeckt noch mindestens 5 Minuten ruhen, bevor Sie es servieren.

Kurz vor dem Servieren Zwiebeln, Tomaten, Gurken, Basilikumblätter und Zitronenschale zum Quinoa geben und mit einem Löffel alles vorsichtig vermischen. In der Zwischenzeit (während die Quinoa kocht) den Lachs zubereiten. Schalten Sie den Ofengrill auf höchste Stufe und stellen Sie sicher, dass sich im unteren Teil des Ofens ein Rost befindet. Geben Sie in eine kleine Schüssel die folgenden Zutaten: schwarzen Pfeffer, ½ Teelöffel Salz, Kreuzkümmel und Paprika. Mischen Sie sie zusammen.

Legen Sie Aluminiumfolie auf ein Glas- oder Aluminium-Backblech und sprühen Sie es dann mit Antihaft-Kochspray ein. Die Lachsfilets auf die Folie legen. Reiben Sie jedes Filet mit der Gewürzmischung ein (etwa ½ Teelöffel der Gewürzmischung pro Filet). Legen Sie die Zitronenspalten an den Rand der Pfanne in der Nähe des Lachses.

Den Lachs 8 bis 10 Minuten unter dem Grill garen. Ihr Ziel ist es, dass sich der Lachs mit einer Gabel leicht zerteilen lässt. Den Lachs mit Petersilie bestreuen und anschließend mit den Zitronenspalten und der Gemüsepetersilie servieren. Genießen!

Nährwert (pro 100g): 385 Kalorien 12,5 g Fett 32,5 g Kohlenhydrate 35,5 g Protein 679 mg Natrium

Apfel-Senf-Forelle

Zubereitungszeit: 15 Minuten

Kochzeit: 55 Min

Portionen: 2

Schwierigkeitsgrad: Schwierig

Zutaten:

- 1 Esslöffel Olivenöl
- 1 kleine gehackte Schalotte
- 2 Lady-Äpfel, halbiert
- 4 Forellenfilets, je 3 Unzen
- 1 1/2 Esslöffel Semmelbrösel, glatt und fein
- 1/2 Teelöffel Thymian, frisch und gehackt
- 1/2 Esslöffel Butter, geschmolzen und ungesalzen
- 1/2 Tasse Apfelwein
- 1 Teelöffel hellbrauner Zucker
- 1/2 Esslöffel Dijon-Senf
- 1/2 Esslöffel Kapern, abgespült
- Meersalz und schwarzer Pfeffer nach Geschmack

Richtungen:

Bereiten Sie den Ofen auf 375 Grad vor und nehmen Sie dann eine kleine Schüssel heraus. Mischen Sie Semmelbrösel, Schalotte und Thymian, bevor Sie es mit Salz und Pfeffer würzen.

Die Butter hinzufügen und gut vermischen.

Legen Sie die Äpfel mit der Schnittfläche nach oben in eine Auflaufform und bestreuen Sie sie mit Zucker. Mit Semmelbröseln bestreuen, dann die Hälfte des Apfelweins um die Äpfel gießen und die Schüssel bedecken. Eine halbe Stunde backen.

Aufdecken und weitere zwanzig Minuten backen. Die Äpfel sollten zart sein, aber die Krümel sollten knusprig sein. Nehmen Sie die Äpfel aus dem Ofen.

Zünden Sie den Grill an und positionieren Sie den Rost 10 cm entfernt. Tupfen Sie Ihre Forelle ab und würzen Sie sie anschließend mit Salz und Pfeffer. Bestreichen Sie ein Backblech mit Öl und legen Sie dann die Forelle mit der Hautseite nach oben darauf. Tragen Sie das restliche Öl auf die Haut auf und grillen Sie es sechs Minuten lang. Wiederholen Sie die Äpfel auf dem Regal direkt unter der Forelle. Dadurch wird verhindert, dass die Krümel anbrennen, und das Aufheizen sollte nur zwei Minuten dauern.

Nehmen Sie einen Topf heraus und verrühren Sie den restlichen Apfelwein, die Kapern und den Senf. Fügen Sie bei Bedarf mehr Apfelwein hinzu, verdünnen Sie ihn und kochen Sie ihn fünf Minuten lang bei mittlerer bis hoher Hitze. Es sollte eine soßenähnliche Konsistenz haben. Den Saft über den Fisch gießen und mit einem Apfel auf jedem Teller servieren.

Nährwert (pro 100g): 366 Kalorien, 13 g Fett, 10 g Kohlenhydrate, 31 g Protein, 559 mg Natrium

Garnelen-Gnocchi

Zubereitungszeit: 5 Minuten

Kochzeit: 15 Minuten

Portionen: 4

Schwierigkeitsgrad: Schwierig

Zutaten:

- 1/2 Pfund Garnelen, geschält und entdarmt
- 1/4 Tasse Schalotten, in Scheiben geschnitten
- 1/2 EL + 1 TL Olivenöl
- 8 Unzen haltbare Gnocchi
- 1/2 Bund Spargel, in Drittel geschnitten
- 3 Esslöffel Parmesan
- 1 Esslöffel Zitronensaft, frisch
- 1/3 Tasse Hühnerbrühe
- Meersalz und schwarzer Pfeffer nach Geschmack

Richtungen:

Erhitzen Sie zunächst einen halben Esslöffel Öl bei mittlerer Hitze und fügen Sie dann Ihre Gnocchi hinzu. Unter häufigem Rühren kochen, bis es prall und goldbraun ist. Dies dauert sieben bis zehn Minuten. Geben Sie sie in eine Schüssel.

Den restlichen Teelöffel Öl mit den Schalotten erhitzen und kochen, bis sie anfangen zu bräunen. Unbedingt umrühren, es dauert aber zwei Minuten. Rühren Sie die Brühe ein, bevor Sie den

Spargel hinzufügen. Abdecken und drei bis vier Minuten kochen lassen.

Garnelen dazugeben, mit Salz und Pfeffer würzen. Kochen, bis es rosa und durchgegart ist. Dies dauert etwa vier Minuten.

Die Gnocchi mit dem Zitronensaft wieder in die Pfanne geben und weitere zwei Minuten kochen lassen. Gut vermischen, dann vom Herd nehmen.

Mit Parmesan bestreuen und zwei Minuten ruhen lassen. Ihr Käse sollte schmelzen. Heiß servieren.

Nährwert (pro 100g): 342 Kalorien, 11 g Fett, 9 g Kohlenhydrate, 38 g Protein, 711 mg Natrium

Cremige Pasta mit geräuchertem Lachs

Zubereitungszeit: 5 Minuten

Kochzeit: 35 Min

Portionen: 4

Schwierigkeitsgrad: Mittel

Zutaten:

- 2 EL. Olivenöl
- 2 gehackte Knoblauchzehen
- 1 Schalotte, gehackt
- 4 Unzen. oder 113 g gehackter Lachs, geräuchert
- 1 Stück. grüne Erbsen
- 1 Stück. Schlagsahne
- Salz und Pfeffer
- 1 Prise Chiliflocken
- 8 Unzen oder 230 g Penne
- 6 ch. das Wasser

Richtungen:

Stellen Sie die Pfanne auf mittlere bis hohe Hitze und geben Sie das Öl hinzu. Knoblauch und Schalotte hinzufügen. 5 Minuten kochen oder bis es weich ist. Erbsen, Salz, Pfeffer und Chiliflocken hinzufügen. 10 Minuten kochen lassen

Den Lachs hinzufügen und weitere 5 bis 7 Minuten kochen lassen. Die Sahne hinzufügen, die Hitze reduzieren und weitere 5 Minuten kochen lassen.

Stellen Sie in der Zwischenzeit einen Topf mit Wasser und Salz nach Belieben auf hohe Hitze, sobald es kocht, fügen Sie die Penne-Nudeln hinzu und kochen Sie sie 8–10 Minuten lang oder bis sie weich sind. Lassen Sie die Nudeln abtropfen, geben Sie sie zur Lachssauce und servieren Sie sie

Nährwert (pro 100g): 393 Kalorien 20,8 g Fett 38 g Kohlenhydrate 3 g Protein 836 mg Natrium

Griechisches Hühnchen aus dem Slow Cooker

Zubereitungszeit: 20 Minuten

Kochzeit: 3 Stunden

Portionen: 4

Schwierigkeitsgrad: Mittel

Zutaten:

- 1 Esslöffel natives Olivenöl extra
- 2 Pfund Hähnchenbrust ohne Knochen
- ½ Teelöffel koscheres Salz
- TL schwarzer Pfeffer
- 1 Glas (12 Unzen) geröstete rote Paprika
- 1 Tasse Kalamata-Oliven
- 1 mittelgroße rote Zwiebel, in Stücke geschnitten
- 3 Esslöffel Rotweinessig
- 1 Esslöffel gehackter Knoblauch
- 1 Teelöffel Honig
- 1 Teelöffel getrockneter Oregano
- 1 Teelöffel getrockneter Thymian
- ½ Tasse Feta-Käse (optional, zum Servieren)
- Gehackte frische Kräuter: beliebige Mischung aus Basilikum, Petersilie oder Thymian (optional, zum Servieren)

Richtungen:

Bestreichen Sie den Slow Cooker mit Antihaft-Kochspray oder Olivenöl. Das Olivenöl in einer großen Pfanne erhitzen. Beide Seiten der Hähnchenbrüste würzen. Sobald das Öl heiß ist, die Hähnchenbrüste dazugeben und von beiden Seiten anbraten (ca. 3 Minuten).

Sobald es gekocht ist, geben Sie es in den Slow Cooker. Rote Paprika, Oliven und rote Zwiebeln zu den Hähnchenbrüsten hinzufügen. Versuchen Sie, das Gemüse um das Huhn herum und nicht direkt darauf zu platzieren.

In einer kleinen Schüssel Essig, Knoblauch, Honig, Oregano und Thymian vermischen. Sobald alles vermischt ist, gießen Sie es über das Huhn. Kochen Sie das Hähnchen bei schwacher Hitze 3 Stunden lang oder bis es in der Mitte nicht mehr rosa ist. Mit zerbröckeltem Feta-Käse und frischen Kräutern servieren.

Nährwert (pro 100g): 399 Kalorien, 17 g Fett, 12 g Kohlenhydrate, 50 g Protein, 793 mg Natrium

Hähnchen Gyros

Zubereitungszeit: 10 Minuten

Kochzeit: 4 Stunden

Portionen: 4

Schwierigkeitsgrad: Mittel

Zutaten:

- 2 Pfund. Hähnchenbrust ohne Knochen oder Hähnchenfilets
- Saft einer Zitrone
- 3 Knoblauchzehen
- 2 Teelöffel Rotweinessig
- 2-3 Esslöffel Olivenöl
- ½ Tasse griechischer Joghurt
- 2 Teelöffel getrockneter Oregano
- 2 bis 4 Teelöffel griechisches Gewürz
- ½ kleine rote Zwiebel, gehackt
- 2 Esslöffel Dill
- Tzatziki Sauce
- 1 Tasse griechischer Naturjoghurt
- 1 EL Dill
- 1 kleine englische Gurke, gehackt
- Prise Salz und Pfeffer
- 1 Teelöffel Zwiebelpulver
- <u>Für den Belag:</u>

- Tomaten
- Gehackte Gurken
- Gehackte rote Zwiebel
- Gewürfelter Fetakäse
- Zerbröckeltes Fladenbrot

Richtungen:

Die Hähnchenbrüste in Würfel schneiden und in den Slow Cooker geben. Zitronensaft, Knoblauch, Essig, Olivenöl, griechischen Joghurt, Oregano, griechische Gewürze, rote Zwiebeln und Dill in den Slow Cooker geben und umrühren, um sicherzustellen, dass alles gut vermischt ist.

5-6 Stunden auf niedriger Stufe oder 2-3 Stunden auf hoher Stufe garen. In der Zwischenzeit alle Zutaten für die Tzatziki-Sauce hinzufügen und verrühren. Sobald alles gut vermischt ist, in den Kühlschrank stellen, bis das Huhn gar ist.

Wenn das Hähnchen fertig gegart ist, servieren Sie es mit Fladenbrot und einem oder allen der oben aufgeführten Beläge.

Nährwert (pro 100g): 317 Kalorien 7,4 g Fett 36,1 g Kohlenhydrate 28,6 g Protein 476 mg Natrium

Hähnchen-Cassoulet im Slow Cooker

Zubereitungszeit: 10 Minuten

Kochzeit: 20 Minuten

Portionen: 16

Schwierigkeitsgrad: Mittel

Zutaten:

- 1 Tasse getrocknete weiße Bohnen, eingeweicht
- 8 Hähnchenschenkel mit Knochen und ohne Haut
- 1 polnische Wurst, gekocht und in mundgerechte Stücke geschnitten (optional)
- 1¼ Tasse Tomatensaft
- 1 Dose (28 Unzen) Tomaten, halbiert
- 1 Esslöffel Worcestershire-Sauce
- 1 Teelöffel Instant-Rinder- oder Hühnerbrühe-Granulat
- ½ Teelöffel getrocknetes Basilikum
- ½ Teelöffel getrockneter Oregano
- ½ Teelöffel Paprika
- ½ Tasse gehackter Sellerie
- ½ Tasse gehackte Karotten
- ½ Tasse gehackte Zwiebel

Richtungen:

Bestreichen Sie den Slow Cooker mit Olivenöl oder Antihaft-Kochspray. In einer Schüssel Tomatensaft, Tomaten, Worcestershire-Sauce, Rinderbrühe, Basilikum, Oregano und Paprika vermischen. Stellen Sie sicher, dass die Zutaten gut vermischt sind.

Geben Sie das Hähnchen und die Würstchen in den Slow Cooker und bedecken Sie es mit der Tomatensaftmischung. Mit Sellerie, Karotte und Zwiebel garnieren. Bei schwacher Hitze 10 bis 12 Stunden kochen lassen.

Nährwert (pro 100g): 244 Kalorien 7 g Fett 25 g Kohlenhydrate 21 g

Slow-Cooker-Hähnchen à la Provence

Zubereitungszeit: 5 Minuten

Kochzeit: 8 Stunden

Portionen: 4

Schwierigkeitsgrad: Leicht

Zutaten:

- 4 Hähnchenbrusthälften ohne Haut (6 Unzen), mit Knochen
- 2 Teelöffel getrocknetes Basilikum
- 1 Teelöffel getrockneter Thymian
- 1/8 Teelöffel Salz
- 1/8 Teelöffel frisch gemahlener schwarzer Pfeffer
- 1 gelbe Paprika, gewürfelt
- 1 rote Paprika, gewürfelt
- 1 Dose (15,5 Unzen) Cannellini-Bohnen
- 1 Dose (14,5 Unzen) kleine Tomaten mit Basilikum, Knoblauch und Oregano, nicht abgetropft

Richtungen:

Bestreichen Sie den Slow Cooker mit Antihaft-Olivenöl. Alle Zutaten in den Slow Cooker geben und umrühren. Bei schwacher Hitze 8 Stunden kochen lassen.

Nährwert (pro 100g): 304 Kalorien 4,5 g Fett 27,3 g Kohlenhydrate 39,4 g Protein 639 mg Natrium

Griechischer Truthahnbraten

Zubereitungszeit: 20 Minuten

Kochzeit: 7 Stunden und 30 Minuten

Portionen: 8

Schwierigkeitsgrad: Mittel

Zutaten:

- 1 Putenbrust ohne Knochen (4 Pfund), getrimmt
- ½ Tasse Hühnerbrühe, geteilt
- 2 Esslöffel frischer Zitronensaft
- 2 Tassen gehackte Zwiebel
- ½ Tasse entkernte Kalamata-Oliven
- ½ Tasse sonnengetrocknete Tomaten in Öl, in dünne Scheiben geschnitten
- 1 Teelöffel griechisches Gewürz
- ½ Teelöffel Salz
- ¼ Teelöffel frisch gemahlener schwarzer Pfeffer
- 3 Esslöffel Allzweckmehl (oder Vollkornmehl)

Richtungen:

Bestreichen Sie den Slow Cooker mit Antihaft-Kochspray oder Olivenöl. Den Truthahn, ¼ Tasse Hühnerbrühe, Zitronensaft, Zwiebeln, Oliven, sonnengetrocknete Tomaten, griechische Gewürze, Salz und Pfeffer in den Slow Cooker geben.

Bei schwacher Hitze 7 Stunden kochen lassen. Das Mehl mit der restlichen ¼ Tasse Hühnerbrühe verquirlen und dann vorsichtig im Slow Cooker umrühren. Weitere 30 Minuten kochen lassen.

Nährwert (pro 100g): 341 Kalorien, 19 g Fett, 12 g Kohlenhydrate, 36,4 g Protein, 639 mg Natrium

Knoblauchhähnchen mit Couscous

Zubereitungszeit: 25 Minuten

Kochzeit: 7 Stunden

Portionen: 4

Schwierigkeitsgrad: Mittel

Zutaten:

- 1 ganzes Huhn, in Stücke geschnitten
- 1 Esslöffel natives Olivenöl extra
- 6 Knoblauchzehen, halbiert
- 1 Tasse trockener Weißwein
- 1 Tasse Couscous
- ½ Teelöffel Salz
- ½ Teelöffel Pfeffer
- 1 mittelgroße Zwiebel, in dünne Scheiben geschnitten
- 2 Teelöffel getrockneter Thymian
- 1/3 Tasse Vollkornmehl

Richtungen:

Das Olivenöl in einer Bratpfanne mit schwerem Boden erhitzen. Wenn die Pfanne heiß ist, geben Sie das Hähnchen zum Anbraten hinzu. Stellen Sie sicher, dass sich die Hähnchenteile nicht berühren. Mit der Hautseite nach unten ca. 3 Minuten garen, bis sie goldbraun sind.

Beschichten Sie Ihren Slow Cooker mit Antihaft-Kochspray oder Olivenöl. Zwiebel, Knoblauch und Thymian in den Slow Cooker geben und mit Salz und Pfeffer bestreuen. Das Hähnchen zu den Zwiebeln geben.

In einer anderen Schüssel das Mehl mit dem Wein verrühren, bis keine Klumpen mehr vorhanden sind, und dann über das Huhn gießen. Bei schwacher Hitze 7 Stunden kochen lassen oder bis alles gar ist. Sie können auch 3 Stunden lang auf höchster Stufe kochen. Das Hähnchen über dem gekochten Couscous servieren und die Sauce darüber gießen.

Nährwert (pro 100g): 440 Kalorien, 17,5 g Fett, 14 g Kohlenhydrate, 35,8 g Protein, 674 mg Natrium

Hühnchen-Karahi

Zubereitungszeit: 5 Minuten
Kochzeit: 5 Stunden
Portionen: 4
Schwierigkeitsgrad: Leicht

Zutaten:

- 2 Pfund. Hähnchenbrust oder -schenkel
- ¼ Tasse Olivenöl
- 1 kleine Dose Tomatenpüree
- 1 Esslöffel Butter
- 1 große Zwiebel, gewürfelt
- ½ Tasse griechischer Naturjoghurt
- ½ Tasse Wasser
- 2 Esslöffel Ingwer-Knoblauch-Paste
- 3 Esslöffel Bockshornkleeblätter
- 1 Teelöffel gemahlener Koriander
- 1 mittelgroße Tomate
- 1 Teelöffel roter Pfeffer
- 2 grüne Paprika
- 1 Teelöffel Kurkuma
- 1 Esslöffel Garam Masala
- 1 Teelöffel gemahlener Kreuzkümmel
- 1 Teelöffel Meersalz
- ¼ Teelöffel Muskatnuss

Richtungen:

Bestreichen Sie den Slow Cooker mit Antihaft-Kochspray. In einer kleinen Schüssel alle Gewürze gut vermischen. Geben Sie das Huhn in den Slow Cooker, gefolgt von den restlichen Zutaten, einschließlich der Gewürzmischung. Rühren, bis alles gut mit den Gewürzen vermischt ist.

Bei schwacher Hitze 4 bis 5 Stunden kochen lassen. Mit Naans oder italienischem Brot servieren.

Nährwert (pro 100g): 345 Kalorien, 9,9 g Fett, 10 g Kohlenhydrate, 53,7 g Protein, 715 mg Natrium

Hähnchen-Cacciatore

Zubereitungszeit: 20 Minuten

Kochzeit: 4 Stunden

Portionen: 6

Schwierigkeitsgrad: Leicht

Zutaten:

- 2 Pfund Hähnchenschenkel mit Haut
- 1 Esslöffel Olivenöl
- 1 Tasse Champignons, geviertelt
- 3 Karotten, gehackt
- 1 kleines Glas Kalamata-Oliven
- 2 Dosen (14 Unzen) gewürfelte Tomaten
- 1 kleine Dose Tomatenpüree
- 1 Tasse Rotwein
- 5 Knoblauchzehen
- 1 Tasse Orzo

Richtungen:

In einer großen Pfanne das Olivenöl erhitzen. Wenn das Öl erhitzt ist, das Hähnchen mit der Hautseite nach unten dazugeben und anbraten. Stellen Sie sicher, dass sich die Hähnchenteile nicht berühren.

Wenn das Hähnchen gebräunt ist, geben Sie es mit allen Zutaten außer dem Orzo in den Slow Cooker. Das Hähnchen 2 Stunden bei schwacher Hitze garen, dann den Orzo dazugeben und weitere 2 Stunden garen. Mit knusprigem französischem Brot servieren.

Nährwert (pro 100g): 424 Kalorien, 16 g Fett, 10 g Kohlenhydrate, 11 g Protein, 845 mg Natrium

Langsam gegarter provenzalischer Eintopf

Zubereitungszeit: 15 Minuten
Kochzeit: 8 Stunden
Portionen: 8
Schwierigkeitsgrad: Mittel

Zutaten:

- 1 Esslöffel Olivenöl
- 10 Knoblauchzehen, gehackt
- 2 Pfund Rinderbraten ohne Knochen
- 1½ Teelöffel Salz, geteilt
- ½ Teelöffel frisch gemahlener schwarzer Pfeffer
- 1 Tasse trockener Rotwein
- 2 Tassen Karotten, gehackt
- 1½ Tasse Zwiebel, gehackt
- ½ Tasse Rinderbrühe
- 1 14-Unzen-Dose gewürfelte Tomaten
- 1 Esslöffel Tomatenmark
- 1 Teelöffel frischer Rosmarin, gehackt
- 1 Teelöffel frischer Thymian, gehackt
- ½ Teelöffel Orangenschale, gerieben
- ½ Teelöffel gemahlener Zimt
- Teelöffel gemahlene Nelken
- 1 Lorbeerblatt

Richtungen:

Eine Bratpfanne vorheizen und dann das Olivenöl hinzufügen. Den gehackten Knoblauch und die Zwiebeln hinzufügen und kochen, bis die Zwiebeln weich sind und der Knoblauch anfängt zu bräunen.

Das gewürfelte Fleisch, Salz und Pfeffer hinzufügen und kochen, bis das Fleisch gebräunt ist. Übertragen Sie das Fleisch in den Slow Cooker. Die Rinderbrühe in die Pfanne geben und etwa 3 Minuten köcheln lassen, um die Pfanne zu entfetten, dann in den Slow Cooker über das Fleisch gießen.

Die restlichen Zutaten in den Slow Cooker geben und gut vermischen. Stellen Sie den Slow Cooker auf niedrig und kochen Sie ihn 8 Stunden lang, oder stellen Sie ihn auf hoch und kochen Sie ihn 4 Stunden lang. Mit Eiernudeln, Reis oder knusprigem italienischem Brot servieren.

Nährwert (pro 100g): 547 Kalorien, 30,5 g Fett, 22 g Kohlenhydrate, 45,2 g Protein, 809 mg Natrium

Osso Bucco

Zubereitungszeit: 30 Minuten

Kochzeit: 8 Stunden

Portionen: 3

Schwierigkeitsgrad: Mittel

Zutaten:

- 4 Haxen vom Rind oder Kalb
- 1 Teelöffel Meersalz
- ½ Teelöffel gemahlener schwarzer Pfeffer
- 3 Esslöffel Vollkornmehl
- 1 bis 2 Esslöffel Olivenöl
- 2 mittelgroße Zwiebeln, gewürfelt
- 2 mittelgroße Karotten, gewürfelt
- 2 Stangen Sellerie, gewürfelt
- 4 Knoblauchzehen, gehackt
- 1 14-Unzen-Dose gewürfelte Tomaten
- 2 Teelöffel getrocknete Thymianblätter
- ½ Tasse Rinder- oder Gemüsebrühe

Richtungen:

Die Haxen auf beiden Seiten würzen und anschließend in Mehl wenden, um sie zu bestreichen. Eine große Pfanne bei starker Hitze erhitzen. Fügen Sie das Olivenöl hinzu. Sobald das Öl heiß ist, die Haxen dazugeben und von beiden Seiten gleichmäßig anbraten. Sobald es goldbraun ist, in den Slow Cooker geben.

Die Brühe in die Pfanne gießen und 3 bis 5 Minuten köcheln lassen, dabei umrühren, um die Pfanne zu entfetten. Geben Sie die restlichen Zutaten in den Slow Cooker und gießen Sie die Brühe aus der Pfanne darüber.

Stellen Sie den Slow Cooker auf die niedrigste Stufe und kochen Sie ihn 8 Stunden lang. Servieren Sie Osso Bucco zu Quinoa, braunem Reis oder sogar Blumenkohlreis.

Nährwert (pro 100g): 589 Kalorien 21,3 g Fett 15 g Kohlenhydrate 74,7 g Protein 893 mg Natrium

Beef Bourguignon im Slow Cooker

Zubereitungszeit: 5 Minuten

Kochzeit: 8 Stunden

Portionen: 8

Schwierigkeitsgrad: Schwierig

Zutaten:

- 1 Esslöffel natives Olivenöl extra
- 6 Unzen Speck, grob gehackt
- 3 Pfund Rinderbrust, entfettet, in 2-Zoll-Würfel geschnitten
- 1 große Karotte, in Scheiben geschnitten
- 1 große weiße Zwiebel, gewürfelt
- 6 Knoblauchzehen, gehackt und geteilt
- ½ Teelöffel grobes Salz
- ½ Teelöffel frisch gemahlener Pfeffer
- 2 Esslöffel Vollkornweizen
- 12 kleine Perlzwiebeln
- 3 Tassen Rotwein (Merlot, Pinot Noir oder Chianti)
- 2 Tassen Rinderbrühe
- 2 Esslöffel Tomatenmark
- 1 zerkleinerter Rinderbrühwürfel
- 1 Teelöffel frischer Thymian, fein gehackt
- 2 Esslöffel frische Petersilie
- 2 Lorbeerblätter
- 2 Esslöffel Butter oder 1 Esslöffel Olivenöl

- 1 Pfund kleine frische weiße oder braune Champignons, in Viertel geschnitten

Richtungen:

Erhitzen Sie eine Pfanne bei mittlerer bis hoher Hitze und geben Sie dann das Olivenöl hinzu. Wenn das Öl erhitzt ist, kochen Sie den Speck, bis er knusprig ist, und geben Sie ihn dann in Ihren Slow Cooker. Das Speckfett in der Pfanne aufbewahren.

Das Rindfleisch trocken tupfen und in derselben Pfanne mit dem Speckfett anbraten, bis alle Seiten die gleiche braune Farbe haben. In den Slow Cooker geben.

Zwiebeln und Karotten im Slow Cooker vermischen und mit Salz und Pfeffer würzen. Rühren Sie die Zutaten um und stellen Sie sicher, dass alles gewürzt ist.

Den Rotwein in die Pfanne rühren und 4-5 Minuten köcheln lassen, um die Pfanne abzulöschen, dann das Mehl einrühren, bis eine glatte Masse entsteht. Weiter kochen, bis die Flüssigkeit reduziert und etwas dicker wird.

Wenn die Flüssigkeit eingedickt ist, gießen Sie sie in den Slow Cooker und rühren Sie um, um alles mit der Weinmischung zu überziehen. Tomatenmark, Brühwürfel, Thymian, Petersilie, 4 Knoblauchzehen und Lorbeerblatt hinzufügen. Stellen Sie Ihren Slow Cooker auf hoch und kochen Sie ihn 6 Stunden lang, oder stellen Sie ihn auf niedrig und kochen Sie ihn 8 Stunden lang.

Die Butter weich machen oder das Olivenöl in einer Pfanne bei mittlerer Hitze erhitzen. Wenn das Öl heiß ist, rühren Sie die restlichen 2 Knoblauchzehen hinein und kochen Sie es etwa 1 Minute lang, bevor Sie die Pilze hinzufügen. Kochen Sie die Pilze, bis sie weich sind, geben Sie sie dann in den Slow Cooker und vermischen Sie sie.

Mit Kartoffelpüree, Reis oder Nudeln servieren.

Nährwert (pro 100g): 672 Kalorien, 32 g Fett, 15 g Kohlenhydrate, 56 g Protein, 693 mg Natrium

Balsamico-Rindfleisch

Zubereitungszeit: 5 Minuten

Kochzeit: 8 Stunden

Portionen: 10

Schwierigkeitsgrad: Mittel

Zutaten:

- 2 Pfund Rinderbraten ohne Knochen
- 1 Esslöffel Olivenöl
- Reiben
- 1 Teelöffel Knoblauchpulver
- ½ Teelöffel Zwiebelpulver
- 1 Teelöffel Meersalz
- ½ Teelöffel frisch gemahlener schwarzer Pfeffer
- Soße
- ½ Tasse Balsamico-Essig
- 2 Esslöffel Honig
- 1 Esslöffel Honigsenf
- 1 Tasse Rinderbrühe
- 1 Esslöffel Tapioka, Vollkornmehl oder Maisstärke (um die Sauce am Ende des Garvorgangs zu verdicken, falls gewünscht)

Richtungen:

Alle Zutaten für den Rub unterrühren.

In einer anderen Schüssel Balsamico-Essig, Honig, Honig-Senf und Rinderbrühe vermischen. Bestreichen Sie den Braten mit Olivenöl und reiben Sie ihn dann mit den Gewürzen aus der Einreibemischung ein. Legen Sie den Braten in den Slow Cooker und gießen Sie die Sauce darüber. Stellen Sie den Slow Cooker auf die niedrigste Stufe und kochen Sie ihn 8 Stunden lang.

Wenn Sie die Sauce nach dem Garen des Bratens andicken möchten, geben Sie sie vom Slow Cooker auf einen Servierteller. Anschließend die Flüssigkeit in einen Topf gießen und auf dem Herd zum Kochen bringen. Das Mehl glatt rühren und köcheln lassen, bis die Soße eindickt.

Nährwert (pro 100g): 306 Kalorien, 19 g Fett, 13 g Kohlenhydrate, 25 g Protein, 823 mg Natrium

Kalbsbraten

Zubereitungszeit: 20 Minuten
Kochzeit: 5 Stunden
Portionen: 8
Schwierigkeitsgrad: Mittel

Zutaten:

- 2 Esslöffel Olivenöl
- Salz und Pfeffer
- 3 Pfund Kalbsbraten ohne Knochen, gebunden
- 4 mittelgroße Karotten, geschält
- 2 Pastinaken, geschält und halbiert
- 2 weiße Rüben, geschält und geviertelt
- 10 Knoblauchzehen, geschält
- 2 Zweige frischer Thymian
- 1 Orange, gewaschen und geschält
- 1 Tasse Hühner- oder Kalbsbrühe

Richtungen:

Eine große Pfanne bei mittlerer bis hoher Hitze erhitzen. Den Kalbsbraten mit Olivenöl bestreichen und anschließend mit Salz und Pfeffer würzen. Wenn die Pfanne heiß ist, den Kalbsbraten dazugeben und von allen Seiten scharf anbraten. Dies dauert etwa 3 Minuten pro Seite, aber dieser Vorgang schließt den Saft ein und macht das Fleisch saftig.

Sobald es gekocht ist, legen Sie es in den Slow Cooker. Karotten, Pastinaken, Rüben und Knoblauch in der Pfanne vermengen. Rühren und etwa 5 Minuten kochen lassen, nicht ständig, nur um einige braune Kalbsstücke zu erhalten und ihnen etwas Farbe zu verleihen.

Übertragen Sie das Gemüse in den Slow Cooker und platzieren Sie es rund um das Fleisch. Den Braten mit Thymian und Orangenschale garnieren. Die Orange halbieren und den Saft über das Fleisch pressen. Fügen Sie die Hühnerbrühe hinzu und kochen Sie den Braten dann bei schwacher Hitze 5 Stunden lang.

Nährwert (pro 100g): 426 Kalorien 12,8 g Fett 10 g Kohlenhydrate 48,8 g Protein 822 mg Natrium

Mediterraner Reis und Wurst

Zubereitungszeit: 15 Minuten
Kochzeit: 8 Stunden
Portionen: 6
Schwierigkeitsgrad: Mittel

Zutaten:

- 1½ Pfund italienische Wurst, zerbröckelt
- 1 mittelgroße Zwiebel, gehackt
- 2 Esslöffel Steaksauce
- 2 Tassen Langkornreis, ungekocht
- 1 14-Unzen-Dose gewürfelte Tomaten mit Saft
- ½ Tasse Wasser
- 1 mittelgroße grüne Paprika, gewürfelt

Richtungen:

Besprühen Sie Ihren Slow Cooker mit Olivenöl oder Antihaft-Kochspray. Wurst, Zwiebeln und Steaksauce in den Slow Cooker geben. 8 bis 10 Stunden bei schwacher Hitze stehen lassen.

Nach 8 Stunden Reis, Tomaten, Wasser und grüne Chili hinzufügen. Umrühren, um alles gut zu vermischen. Weitere 20 bis 25 Minuten kochen lassen.

Nährwert (pro 100g): 650 Kalorien, 36 g Fett, 11 g Kohlenhydrate, 22 g Protein, 633 mg Natrium

Spanische Fleischbällchen

Zubereitungszeit: 20 Minuten
Kochzeit: 5 Stunden
Portionen: 6
Schwierigkeitsgrad: Schwierig

Zutaten:

- 1 Pfund gemahlener Truthahn
- 1 Pfund Schweinehackfleisch
- 2 Eier
- 1 Dose (20 Unzen) gewürfelte Tomaten
- ¾ Tasse süße Zwiebel, gehackt, geteilt
- ¼ Tasse plus 1 Esslöffel Semmelbrösel
- 3 Esslöffel frische Petersilie, gehackt
- 1½ Teelöffel Kreuzkümmel
- 1½ Teelöffel Paprika (süß oder scharf)

Richtungen:

Besprühen Sie den Slow Cooker mit Olivenöl.

In eine Salatschüssel Hackfleisch, Eier, etwa die Hälfte der Zwiebeln, Semmelbrösel und Gewürze geben.

Waschen Sie Ihre Hände und mischen Sie, bis alles gut vermischt ist. Übermischen Sie es jedoch nicht, da dies zu zähen Fleischbällchen führt. Zu Fleischbällchen formen. Die Größe, die

Sie herstellen, bestimmt natürlich die Gesamtzahl der Fleischbällchen, die Sie erhalten.

In einer Bratpfanne 2 Esslöffel Olivenöl bei mittlerer Hitze erhitzen. Sobald es heiß ist, die Fleischbällchen hinzufügen und von allen Seiten anbraten. Achten Sie darauf, dass sich die Kugeln nicht berühren, damit sie gleichmäßig bräunen. Sobald Sie fertig sind, geben Sie sie in den Slow Cooker.

Geben Sie die restlichen Zwiebeln und Tomaten in die Pfanne und lassen Sie sie einige Minuten kochen. Entfernen Sie dabei alle braunen Stücke von den Fleischbällchen, um ihnen mehr Geschmack zu verleihen. Geben Sie die Tomaten zu den Fleischbällchen im Slow Cooker und kochen Sie sie 5 Stunden lang auf niedriger Stufe.

Nährwert (pro 100g): 372 Kalorien 21,7 g Fett 15 g Kohlenhydrate 28,6 Protein 772 mg Natrium

Blumenkohlsteaks mit Oliven-Zitrus-Sauce

Zubereitungszeit: 15 Minuten

Kochzeit: 30 Minuten

Portionen: 4

Schwierigkeitsgrad: Mittel

Zutaten:

- 1 oder 2 große Blumenkohlköpfe
- 1/3 Tasse natives Olivenöl extra
- ¼ Teelöffel koscheres Salz
- 1/8 Teelöffel gemahlener schwarzer Pfeffer
- Saft von 1 Orange
- Schale von 1 Orange
- ¼ Tasse schwarze Oliven, entkernt und gehackt
- 1 Esslöffel Dijon-Senf oder Getreide
- 1 Esslöffel Rotweinessig
- ½ Teelöffel gemahlener Koriander

Richtungen:

Heizen Sie den Ofen auf 400 °F vor. Legen Sie Backpapier oder Aluminiumfolie auf das Backblech. Schneiden Sie den Stiel des Blumenkohls so ab, dass er aufrecht steht. Schneiden Sie es senkrecht in vier dicke Scheiben. Blumenkohl auf das vorbereitete Backblech legen. Mit Olivenöl, Salz und schwarzem Pfeffer beträufeln. Etwa 30 Minuten backen.

In einer mittelgroßen Schüssel Orangensaft, Orangenschale, Oliven, Senf, Essig und Koriander vermischen; gut mischen. Mit der Soße servieren.

Nährwert (pro 100g): 265 Kalorien, 21 g Fett, 4 g Kohlenhydrate, 5 g Protein, 693 mg Natrium

Pistazien-Minz-Pesto-Nudeln

Zubereitungszeit: 10 Minuten

Kochzeit: 10 Minuten

Portionen: 4

Schwierigkeitsgrad: Mittel

Zutaten:

- 8 Unzen Vollkornnudeln
- 1 Tasse frische Minze
- ½ Tasse frisches Basilikum
- 1/3 Tasse ungesalzene Pistazien, geschält
- 1 Knoblauchzehe, geschält
- ½ Teelöffel koscheres Salz
- Saft einer halben Limette
- 1/3 Tasse natives Olivenöl extra

Richtungen:

Kochen Sie die Nudeln gemäß den Anweisungen auf der Packung. Abgießen, dabei ½ Tasse Kochwasser auffangen und beiseite stellen. In einer Küchenmaschine Minze, Basilikum, Pistazien, Knoblauch, Salz und Limettensaft hinzufügen. Mischen, bis die Pistazien grob gemahlen sind. Fügen Sie das Olivenöl in einem langsamen, gleichmäßigen Strahl hinzu und verrühren Sie es, bis es eingearbeitet ist.

In einer großen Schüssel die Nudeln mit dem Pistazienpesto vermischen. Wenn eine dünnere, geschmackvollere Konsistenz gewünscht wird, etwas vom zurückbehaltenen Nudelwasser hinzufügen und gut vermischen.

Nährwert (pro 100g): 420 Kalorien, 3 g Fett, 2 g Kohlenhydrate, 11 g Protein, 593 mg Natrium

Burst-Kirschtomatensauce mit Engelshaarnudeln

Zubereitungszeit: 10 Minuten

Kochzeit: 20 Minuten

Portionen: 4

Schwierigkeitsgrad: Mittel

Zutaten:

- 8 Unzen Engelshaarnudeln
- 2 Esslöffel natives Olivenöl extra
- 3 Knoblauchzehen, gehackt
- 3 Pints Kirschtomaten
- ½ Teelöffel koscheres Salz
- Teelöffel rote Pfefferflocken
- ¾ Tasse frisches Basilikum, gehackt
- 1 Esslöffel weißer Balsamico-Essig (optional)
- ¼ Tasse geriebener Parmesan (optional)

Richtungen:

Kochen Sie die Nudeln gemäß den Anweisungen auf der Packung. Abgießen und aufbewahren.

Erhitzen Sie das Olivenöl in einer Bratpfanne oder einer großen Bratpfanne bei mittlerer bis hoher Hitze. Knoblauch einrühren und 30 Sekunden anbraten. Tomaten, Salz und rote Paprikaflocken mischen und unter gelegentlichem Rühren etwa 15 Minuten kochen, bis die Tomaten platzen.

Vom Herd nehmen und Nudeln und Basilikum unterrühren. Gut mischen. (Für Tomaten, die nicht in der Saison sind, fügen Sie nach Belieben Essig hinzu und vermischen Sie alles gut.) Servieren.

Nährwert (pro 100g): 305 Kalorien, 8 g Fett, 3 g Kohlenhydrate, 11 g Protein, 559 mg Natrium

Gebackener Tofu mit sonnengetrockneten Tomaten und Artischocken

Zubereitungszeit: 30 Minuten

Kochzeit: 30 Minuten

Portionen: 4

Schwierigkeitsgrad: Mittel

Zutaten:

- 1 Packung (16 Unzen) extrafester Tofu, in 2,5 cm große Würfel geschnitten
- 2 Esslöffel natives Olivenöl extra, geteilt
- 2 Esslöffel Zitronensaft, geteilt
- 1 Esslöffel natriumarme Sojasauce
- 1 Zwiebel, gewürfelt
- ½ Teelöffel koscheres Salz
- 2 Knoblauchzehen, gehackt
- 1 Dose (14 Unzen) Artischockenherzen, abgetropft
- 8 getrocknete Tomaten
- ¼ Teelöffel frisch gemahlener schwarzer Pfeffer
- 1 Esslöffel Weißweinessig
- Schale von 1 Zitrone
- ¼ Tasse frische Petersilie, gehackt

Richtungen:

Bereiten Sie den Ofen auf 400 °F vor. Legen Sie die Folie oder das Backpapier auf das Backblech. In einer Schüssel Tofu, 1 Esslöffel Olivenöl, 1 Esslöffel Zitronensaft und Sojasauce vermischen. Beiseite stellen und 15 bis 30 Minuten marinieren lassen. Den Tofu in einer Schicht auf das vorbereitete Backblech legen und 20 Minuten backen, dabei einmal wenden, bis er leicht gebräunt ist.

Den restlichen 1 Esslöffel Olivenöl in einer großen Pfanne oder Schmorpfanne bei mittlerer Hitze kochen. Zwiebel und Salz hinzufügen; 5 bis 6 Minuten anbraten, bis es durchscheinend ist. Den Knoblauch hinzufügen und 30 Sekunden anbraten. Dann die Artischockenherzen, sonnengetrockneten Tomaten und schwarzen Pfeffer hinzufügen und 5 Minuten anbraten. Den Weißweinessig und 1 Esslöffel des restlichen Zitronensafts hinzufügen und die Pfanne ablöschen, dabei alle braunen Stücke herausschaben. Nehmen Sie die Pfanne vom Herd und geben Sie die Zitronenschale und die Petersilie hinzu. Den gekochten Tofu vorsichtig unterheben.

Nährwert (pro 100g): 230 Kalorien, 14 g Fett, 5 g Kohlenhydrate, 14 g Protein, 593 mg Natrium

Gebackener mediterraner Tempeh mit Tomaten und Knoblauch

Vorbereitungszeit: 25 Minuten, plus 4 Stunden zum Marinieren
Kochzeit: 35 Min
Portionen: 4
Schwierigkeitsgrad: Schwierig

Zutaten:

- <u>Für den Tempeh</u>
- 12 Unzen Tempeh
- ¼ Tasse Weißwein
- 2 Esslöffel natives Olivenöl extra
- 2 Esslöffel Zitronensaft
- Schale von 1 Zitrone
- ¼ Teelöffel koscheres Salz
- ¼ Teelöffel frisch gemahlener schwarzer Pfeffer
- <u>Für die Tomaten-Knoblauch-Sauce</u>
- 1 Esslöffel natives Olivenöl extra
- 1 Zwiebel, gewürfelt
- 3 Knoblauchzehen, gehackt
- 1 Dose (14,5 Unzen) zerkleinerte Tomaten ohne Salzzusatz
- 1 Fleischtomate, gewürfelt
- 1 getrocknetes Lorbeerblatt
- 1 Teelöffel Weißweinessig

- 1 Teelöffel Zitronensaft
- 1 Teelöffel getrockneter Oregano
- 1 Teelöffel getrockneter Thymian
- ¾ Teelöffel koscheres Salz
- ¼ Tasse Basilikum, in Streifen geschnitten

Richtungen:

Machen Sie das Tempeh

Tempeh in einen mittelgroßen Topf geben. Füllen Sie so viel Wasser ein, dass es 2,5 bis 5 cm bedeckt ist. Bei mittlerer bis hoher Hitze zum Kochen bringen, abdecken und die Hitze reduzieren, damit es köchelt. 10 bis 15 Minuten kochen lassen. Nehmen Sie das Tempeh heraus, trocknen Sie es ab, lassen Sie es abkühlen und schneiden Sie es in 2,5 cm große Würfel.

Weißwein, Olivenöl, Zitronensaft, Zitronenschale, Salz und schwarzen Pfeffer verrühren. Tempeh hinzufügen, Schüssel abdecken und 4 Stunden oder über Nacht in den Kühlschrank stellen. Ofen auf 375°F vorheizen. Den marinierten Tempeh und die Marinade in eine Auflaufform geben und 15 Minuten kochen lassen.

Um die Tomaten-Knoblauch-Sauce zuzubereiten

Das Olivenöl in einer großen Pfanne bei mittlerer Hitze kochen. Fügen Sie die Zwiebel hinzu und braten Sie sie 3 bis 5 Minuten lang an, bis sie glasig ist. Knoblauch einrühren und 30 Sekunden anbraten. Zerkleinerte Tomaten, Fleischtomaten, Lorbeerblatt,

Essig, Zitronensaft, Oregano, Thymian und Salz hinzufügen. Gut mischen. 15 Minuten köcheln lassen.

Das gekochte Tempeh zur Tomatenmischung geben und vorsichtig vermischen. Mit Basilikum garnieren.

ERSATZTIPP: Wenn Sie kein Tempeh mehr haben oder einfach nur den Kochvorgang beschleunigen möchten, können Sie das Tempeh durch eine 14,5-Unzen-Dose weiße Bohnen ersetzen. Die Bohnen abspülen und mit den zerdrückten Tomaten in die Soße geben. In der Hälfte der Zeit ist es immer noch eine tolle vegane Vorspeise!

Nährwert (pro 100g): 330 Kalorien, 20 g Fett, 4 g Kohlenhydrate, 18 g Protein, 693 mg Natrium

Geröstete Portobello-Pilze mit Grünkohl und roten Zwiebeln

Zubereitungszeit: 30 Minuten
Kochzeit: 30 Minuten
Portionen: 4
Schwierigkeitsgrad: Schwierig

Zutaten:

- ¼ Tasse Weißweinessig
- 3 Esslöffel natives Olivenöl extra, geteilt
- ½ Teelöffel Honig
- ¾ Teelöffel koscheres Salz, geteilt
- ¼ Teelöffel frisch gemahlener schwarzer Pfeffer
- 4 große Portobello-Pilze, Stiele entfernt
- 1 rote Zwiebel, julieniert
- 2 Knoblauchzehen, gehackt
- 1 Bund (8 Unzen) Grünkohl, entstielt und fein gehackt
- Teelöffel rote Pfefferflocken
- ¼ Tasse geriebener Parmesan oder Romano-Käse

Richtungen:

Legen Sie Backpapier oder Folie auf das Backblech. In einer mittelgroßen Schüssel Essig, 1½ EL Olivenöl, Honig, ¼ TL Salz und schwarzen Pfeffer verrühren. Legen Sie die Pilze auf das Backblech und gießen Sie die Marinade darüber. 15 bis 30 Minuten marinieren.

In der Zwischenzeit den Ofen auf 400 °F vorheizen. Kochen Sie die Pilze 20 Minuten lang und wenden Sie sie nach der Hälfte der Garzeit um. Die restlichen 1½ Esslöffel Olivenöl in einer großen ofenfesten Pfanne oder Schmorpfanne bei mittlerer bis hoher Hitze erhitzen. Die Zwiebel und den restlichen ½ Teelöffel Salz hinzufügen und 5 bis 6 Minuten goldbraun anbraten. Knoblauch einrühren und 30 Sekunden anbraten. Grünkohl und Paprikaflocken mischen und ca. 5 Minuten anbraten, bis der Grünkohl gar ist.

Nehmen Sie die Pilze aus dem Ofen und erhöhen Sie die Temperatur zum Grillen. Gießen Sie die Flüssigkeit vom Backblech vorsichtig in die Pfanne mit der Grünkohlmischung. gut mischen. Drehen Sie die Pilze um, sodass die Stielseite nach oben zeigt. Etwas von der Grünkohlmischung auf jeden Pilz geben. Jeweils 1 Esslöffel Parmesan darüberstreuen. Goldbraun grillen.

Nährwert (pro 100 g): 200 Kalorien, 13 g Fett, 4 g Kohlenhydrate, 8 g Protein

Balsamico-marinierter Tofu mit Basilikum und Oregano

Zubereitungszeit: 40 Minuten

Kochzeit: 30 Minuten

Portionen: 4

Schwierigkeitsgrad: Mittel

Zutaten:

- ¼ Tasse natives Olivenöl extra
- Tasse Balsamico-Essig
- 2 Esslöffel natriumarme Sojasauce
- 3 Knoblauchzehen, gerieben
- 2 Teelöffel reiner Ahornsirup
- Schale von 1 Zitrone
- 1 Teelöffel getrocknetes Basilikum
- 1 Teelöffel getrockneter Oregano
- ½ Teelöffel getrockneter Thymian
- ½ Teelöffel getrockneter Salbei
- ¼ Teelöffel koscheres Salz
- ¼ Teelöffel frisch gemahlener schwarzer Pfeffer
- Teelöffel rote Paprikaflocken (optional)
- 1 Block (16 Unzen) extra fester Tofu

Richtungen:

Kombinieren Sie in einer Schüssel oder einem Beutel mit Reißverschluss Olivenöl, Essig, Sojasauce, Knoblauch, Ahornsirup, Zitronenschale, Basilikum, Oregano, Thymian, Salbei, Salz, schwarzen Pfeffer und rote Pfefferflocken, falls gewünscht. Den Tofu dazugeben und vorsichtig vermischen. In den Kühlschrank stellen und 30 Minuten lang marinieren, bei Bedarf auch über Nacht.

Bereiten Sie den Ofen auf 425 °F vor. Legen Sie Backpapier oder Folie auf das Backblech. Den marinierten Tofu in einer einzigen Schicht auf dem vorbereiteten Backblech anrichten. 20 bis 30 Minuten backen, dabei nach der Hälfte der Zeit wenden, bis es leicht knusprig ist.

Nährwert (pro 100g): 225 Kalorien, 16 g Fett, 2 g Kohlenhydrate, 13 g Protein, 493 mg Natrium

Zucchini gefüllt mit Ricotta, Basilikum und Pistazien

Zubereitungszeit: 15 Minuten
Kochzeit: 25 Minuten
Portionen: 4
Schwierigkeitsgrad: Mittel

Zutaten:

- 2 mittelgroße Zucchini, der Länge nach halbieren
- 1 Esslöffel natives Olivenöl extra
- 1 Zwiebel, gewürfelt
- 1 Teelöffel koscheres Salz
- 2 Knoblauchzehen, gehackt
- ¾ Tasse Ricotta
- ¼ Tasse ungesalzene Pistazien, geschält und gehackt
- ¼ Tasse frisches Basilikum, gehackt
- 1 großes geschlagenes Ei
- ¼ Teelöffel frisch gemahlener schwarzer Pfeffer

Richtungen:

Bereiten Sie den Ofen auf 425 °F vor. Legen Sie Backpapier oder Folie auf das Backblech. Entfernen Sie die Kerne/das Fruchtfleisch von der Zucchini und lassen Sie an den Rändern ¼ Zoll Fruchtfleisch übrig. Legen Sie das Fruchtfleisch auf ein Schneidebrett und schneiden Sie es ab.

Das Olivenöl in einer Bratpfanne bei mittlerer Hitze kochen. Zwiebel, Fruchtfleisch und Salz dazugeben und etwa 5 Minuten anbraten. Den Knoblauch hinzufügen und 30 Sekunden anbraten. Ricotta, Pistazien, Basilikum, Ei und schwarzen Pfeffer vermischen. Die Zwiebelmischung dazugeben und gut vermischen.

Die 4 Zucchinihälften auf das vorbereitete Backblech legen. Die Zucchinihälften mit der Ricotta-Mischung bestreichen. Goldbraun kochen.

Nährwert (pro 100g): 200 Kalorien, 12 g Fett, 3 g Kohlenhydrate, 11 g Protein, 836 mg Natrium

Farro mit gerösteten Tomaten und Pilzen

Zubereitungszeit: 20 Minuten

Kochzeit: 1 Stunde

Portionen: 4

Schwierigkeitsgrad: Schwierig

Zutaten:

- <u>Für die Tomaten</u>
- 2 Pints Kirschtomaten
- 1 Teelöffel natives Olivenöl extra
- ¼ Teelöffel koscheres Salz
- <u>Für den Farro</u>
- 3 bis 4 Tassen Wasser
- ½ Tasse Farro
- ¼ Teelöffel koscheres Salz
- <u>Für die Pilze</u>
- 2 Esslöffel natives Olivenöl extra
- 1 Zwiebel, julieniert
- ½ Teelöffel koscheres Salz
- ¼ Teelöffel frisch gemahlener schwarzer Pfeffer
- 10 Unzen junge Pilze, geschält und in dünne Scheiben geschnitten
- ½ Tasse Gemüsebrühe ohne Salzzusatz
- 1 Dose (15 Unzen) natriumarme Cannellini-Bohnen, abgetropft und abgespült

- 1 Tasse Babyspinat
- 2 Esslöffel frisches Basilikum, in Streifen geschnitten
- ¼ Tasse Pinienkerne, geröstet
- Gereifter Balsamico-Essig (optional)

Richtungen:

Machen Sie die Tomaten

Heizen Sie den Ofen auf 400 °F vor. Legen Sie Backpapier oder Aluminiumfolie auf das Backblech. Tomaten, Olivenöl und Salz auf dem Backblech vermischen und 30 Minuten backen.

Machen Sie den Farro

Wasser, Farro und Salz in einem mittelgroßen Topf oder Topf bei starker Hitze zum Kochen bringen. Zum Kochen bringen und 30 Minuten kochen lassen, oder bis der Farro al dente ist. Abgießen und aufbewahren.

Machen Sie die Pilze

Kochen Sie das Olivenöl in einer großen Pfanne oder Schmorpfanne bei mittlerer bis niedriger Hitze. Zwiebeln, Salz und schwarzen Pfeffer hinzufügen und etwa 15 Minuten anbraten, bis sie goldbraun sind und zu karamellisieren beginnen. Pilze einrühren, Hitze auf mittlere Stufe erhöhen und ca. 10 Minuten anbraten, bis die Flüssigkeit verdampft ist und die Pilze braun werden. Die Gemüsebrühe einrühren, die Pfanne ablöschen, alle braunen Stücke herauskratzen und die Flüssigkeit etwa 5 Minuten lang einkochen lassen. Bohnen hinzufügen und ca. 3 Minuten erhitzen.

Spinat, Basilikum, Pinienkerne, geröstete Tomaten und Farro herausnehmen und unterrühren. Nach Belieben mit Balsamico-Essig bestreuen.

Nährwert (pro 100g): 375 Kalorien, 15 g Fett, 10 g Kohlenhydrate, 14 g Protein, 769 mg Natrium

Gebackener Orzo mit Auberginen, Mangold und Mozzarella

Zubereitungszeit: 20 Minuten

Kochzeit: 60 Minuten

Portionen: 4

Schwierigkeitsgrad: Mittel

Zutaten:

- 2 Esslöffel natives Olivenöl extra
- 1 große Aubergine (1 Pfund), in kleine Würfel schneiden
- 2 Karotten, geschält und in kleine Würfel geschnitten
- 2 Stangen Sellerie, in kleine Würfel geschnitten
- 1 Zwiebel, in kleine Würfel schneiden
- ½ Teelöffel koscheres Salz
- 3 Knoblauchzehen, gehackt
- ¼ Teelöffel frisch gemahlener schwarzer Pfeffer
- 1 Tasse Vollkorn-Orzo
- 1 Teelöffel Tomatenmark ohne Salzzusatz
- 1½ Tassen Gemüsebrühe ohne Salzzusatz
- 1 Tasse Mangold, geschält und fein gehackt
- 2 Esslöffel frischer Oregano, gehackt
- Schale von 1 Zitrone
- 4 Unzen Mozzarella-Käse, fein gewürfelt
- ¼ Tasse geriebener Parmesan
- 2 Tomaten, in ½ Zoll dicke Scheiben geschnitten

Richtungen:

Heizen Sie den Ofen auf 400 °F vor. Das Olivenöl in einer großen ofenfesten Bratpfanne bei mittlerer Hitze kochen. Auberginen, Karotten, Sellerie, Zwiebeln und Salz hinzufügen und etwa 10 Minuten anbraten. Knoblauch und schwarzen Pfeffer hinzufügen und etwa 30 Sekunden anbraten. Orzo und Tomatenmark dazugeben und 1 Minute anbraten. Die Gemüsebrühe einrühren und die Pfanne ablöschen, indem alle braunen Stücke herausgeschabt werden. Mangold, Oregano und Zitronenschale dazugeben und rühren, bis der Mangold zusammenfällt.

Nehmen Sie den Mozzarella-Käse heraus und geben Sie ihn hinein. Glatte Oberseite der Orzo-Mischung flach. Die Oberseite mit Parmesan bestreuen. Die Tomaten in einer Schicht auf dem Parmesan verteilen. 45 Minuten backen.

Nährwert (pro 100g): 470 Kalorien, 17 g Fett, 7 g Kohlenhydrate, 18 g Protein, 769 mg Natrium

Gerstenrisotto mit Tomaten

Zubereitungszeit: 20 Minuten
Kochzeit: 45 Minuten
Portionen: 4
Schwierigkeitsgrad: Mittel

Zutaten:

- 2 Esslöffel natives Olivenöl extra
- 2 Stangen Sellerie, gewürfelt
- ½ Tasse Schalotten, gewürfelt
- 4 Knoblauchzehen, gehackt
- 3 Tassen Gemüsebrühe ohne Salzzusatz
- 1 Dose 14,5 Unzen gewürfelte Tomaten ohne Salzzusatz
- 1 Dose (14,5 Unzen) zerkleinerte Tomaten ohne Salzzusatz
- 1 Tasse Graupen
- Schale von 1 Zitrone
- 1 Teelöffel koscheres Salz
- ½ Teelöffel geräuchertes Paprikapulver
- Teelöffel rote Pfefferflocken
- ¼ Teelöffel frisch gemahlener schwarzer Pfeffer
- 4 Zweige Thymian
- 1 getrocknetes Lorbeerblatt
- 2 Tassen Babyspinat
- ½ Tasse zerbröckelter Feta-Käse
- 1 Esslöffel frischer Oregano, gehackt

- 1 Esslöffel Fenchelsamen, geröstet (optional)

Richtungen:

Das Olivenöl in einem großen Topf bei mittlerer Hitze kochen. Sellerie und Schalotten hinzufügen und etwa 4 bis 5 Minuten anbraten. Den Knoblauch hinzufügen und 30 Sekunden anbraten. Gemüsebrühe, gewürfelte Tomaten, zerdrückte Tomaten, Gerste, Zitronenschale, Salz, Paprika, rote Pfefferflocken, schwarzen Pfeffer, Thymian und Lorbeerblatt hinzufügen und gut vermischen. Aufkochen lassen, dann auf niedrige Stufe reduzieren und köcheln lassen. Unter gelegentlichem Rühren 40 Minuten kochen lassen.

Lorbeerblatt und Thymianzweige entfernen. Spinat unterrühren. In einer kleinen Schüssel Feta, Oregano und Fenchelsamen vermischen. Das Gerstenrisotto in Schüsseln servieren und mit der Feta-Mischung garnieren.

Nährwert (pro 100g): 375 Kalorien, 12 g Fett, 13 g Kohlenhydrate, 11 g Protein, 799 mg Natrium

Kichererbsen und Grünkohl mit würziger Pomodoro-Sauce

Zubereitungszeit: 10 Minuten

Kochzeit: 35 Min

Portionen: 4

Schwierigkeitsgrad: Leicht

Zutaten:

- 2 Esslöffel natives Olivenöl extra
- 4 Knoblauchzehen, in Scheiben geschnitten
- 1 Teelöffel rote Paprikaflocken
- 1 Dose (28 Unzen) zerkleinerte Tomaten ohne Salzzusatz
- 1 Teelöffel koscheres Salz
- ½ Teelöffel Honig
- 1 Bund Grünkohl, entstielt und gehackt
- 2 (15 Unzen) Dosen natriumarme Kichererbsen, abgetropft und abgespült
- ¼ Tasse frisches Basilikum, gehackt
- ¼ Tasse geriebener Pecorino Romano-Käse

Richtungen:

Das Olivenöl in einer Bratpfanne bei mittlerer Hitze kochen. Knoblauch und Paprikaflocken unterrühren und ca. 2 Minuten anbraten, bis der Knoblauch leicht gebräunt ist. Tomaten, Salz und

Honig hinzufügen und gut vermischen. Hitze auf niedrige Stufe reduzieren und 20 Minuten köcheln lassen.

Den Grünkohl dazugeben und gut vermischen. Etwa 5 Minuten kochen lassen. Die Kichererbsen dazugeben und etwa 5 Minuten köcheln lassen. Vom Herd nehmen und Basilikum unterrühren. Mit Pecorino-Käse garniert servieren.

Nährwert (pro 100g): 420 Kalorien, 13 g Fett, 12 g Kohlenhydrate, 20 g Protein, 882 mg Natrium

Gerösteter Feta mit Grünkohl und Zitronenjoghurt

Zubereitungszeit: 15 Minuten
Kochzeit: 20 Minuten
Portionen: 4
Schwierigkeitsgrad: Mittel

Zutaten:

- 1 Esslöffel natives Olivenöl extra
- 1 Zwiebel, julieniert
- ¼ Teelöffel koscheres Salz
- 1 Teelöffel gemahlener Kurkuma
- ½ Teelöffel gemahlener Kreuzkümmel
- ½ Teelöffel gemahlener Koriander
- ¼ Teelöffel frisch gemahlener schwarzer Pfeffer
- 1 Bund Grünkohl, entstielt und gehackt
- 7-Unzen-Block Fetakäse, in ¼ Zoll dicke Scheiben geschnitten
- ½ Tasse griechischer Naturjoghurt
- 1 Esslöffel Zitronensaft

Richtungen:

Heizen Sie den Ofen auf 400 °F vor. Das Olivenöl in einer großen ofenfesten Pfanne oder Schmorpfanne bei mittlerer Hitze anbraten. Zwiebel und Salz hinzufügen; ca. 5 Minuten anbraten, bis es leicht gebräunt ist. Kurkuma, Kreuzkümmel, Koriander und schwarzen Pfeffer hinzufügen; 30 Sekunden anbraten. Den Grünkohl dazugeben und etwa 2 Minuten anbraten. Fügen Sie eine halbe Tasse Wasser hinzu und kochen Sie den Grünkohl etwa 3 Minuten lang weiter.

Vom Herd nehmen und Feta-Käsescheiben auf die Grünkohlmischung legen. In den Ofen geben und 10 bis 12 Minuten kochen, bis der Feta weich wird. In einer kleinen Schüssel Joghurt und Zitronensaft vermischen. Den Grünkohl und den Feta-Käse mit Zitronenjoghurt servieren.

Nährwert (pro 100g): 210 Kalorien, 14 g Fett, 2 g Kohlenhydrate, 11 g Protein, 836 mg Natrium

Auberginen und Kichererbsen in Tomatensauce geröstet

Zubereitungszeit: 15 Minuten

Kochzeit: 60 Minuten

Portionen: 4

Schwierigkeitsgrad: Schwierig

Zutaten:

- Kochspray mit Olivenöl
- 1 große Aubergine (ca. 450 Gramm), in ¼ Zoll dicke Scheiben schneiden
- 1 Teelöffel koscheres Salz, geteilt
- 1 Esslöffel natives Olivenöl extra
- 3 Knoblauchzehen, gehackt
- 1 Dose (28 Unzen) zerkleinerte Tomaten ohne Salzzusatz
- ½ Teelöffel Honig
- ¼ Teelöffel frisch gemahlener schwarzer Pfeffer
- 2 Esslöffel frisches Basilikum, gehackt
- 1 Dose (15 Unzen) Kichererbsen ohne Salzzusatz oder mit niedrigem Natriumgehalt, abgetropft und abgespült
- ¾ Tasse zerbröselter Feta-Käse
- 1 Esslöffel frischer Oregano, gehackt

Richtungen:

Ofen auf 425°F vorheizen. Zwei Backbleche einfetten, mit Folie auslegen und leicht mit Olivenöl-Kochspray einsprühen. Die Auberginen in einer einzigen Schicht verteilen und mit ½ Teelöffel Salz bestreuen. 20 Minuten backen, dabei nach der Hälfte der Garzeit einmal wenden, bis es leicht gebräunt ist.

In der Zwischenzeit das Olivenöl in einem großen Topf bei mittlerer Hitze erhitzen. Den Knoblauch hinzufügen und 30 Sekunden anbraten. Fügen Sie die zerdrückten Tomaten, den Honig, den restlichen halben Teelöffel Salz und den schwarzen Pfeffer hinzu. Etwa 20 Minuten köcheln lassen, bis die Sauce leicht eingedickt und eingedickt ist. Basilikum hinzufügen.

Nachdem Sie die Aubergine aus dem Ofen genommen haben, reduzieren Sie die Ofentemperatur auf 375 °F. In eine große rechteckige oder ovale Auflaufform die Kichererbsen und 1 Tasse Soße geben. Legen Sie die Auberginenscheiben darauf und überlappen Sie sie bei Bedarf, um die Kichererbsen zu bedecken. Die restliche Soße über die Auberginen geben. Die Oberseite mit Feta und Oregano bestreuen.

Die Auflaufform mit Folie umwickeln und 15 Minuten backen. Folie entfernen und weitere 15 Minuten backen.

Nährwert (pro 100g): 320 Kalorien, 11 g Fett, 12 g Kohlenhydrate, 14 g Protein, 773 mg Natrium

Gebackene Falafel-Slider

Zubereitungszeit: 10 Minuten

Kochzeit: 30 Minuten

Portionen: 6

Schwierigkeitsgrad: Mittel

Zutaten:

- Kochspray mit Olivenöl
- 1 Dose (15 Unzen) natriumarme Kichererbsen, abgetropft und abgespült
- 1 Zwiebel, grob gehackt
- 2 Knoblauchzehen, geschält
- 2 Esslöffel frische Petersilie, gehackt
- 2 Esslöffel Vollkornmehl
- ½ Teelöffel gemahlener Koriander
- ½ Teelöffel gemahlener Kreuzkümmel
- ½ Teelöffel Backpulver
- ½ Teelöffel koscheres Salz
- ¼ Teelöffel frisch gemahlener schwarzer Pfeffer

Richtungen:

Heizen Sie den Ofen auf 350 °F vor. Legen Sie Pergamentpapier oder Aluminiumfolie aus und sprühen Sie das Backblech leicht mit Olivenöl-Kochspray ein.

In einer Küchenmaschine Kichererbsen, Zwiebeln, Knoblauch, Petersilie, Mehl, Koriander, Kreuzkümmel, Backpulver, Salz und schwarzen Pfeffer vermischen. Alles glatt rühren.

Machen Sie 6 Patties mit je einer gehäuften ¼ Tasse der Mischung und legen Sie sie auf das vorbereitete Backblech. 30 Minuten backen. Aufschlag.

Nährwert (pro 100g): 90 Kalorien, 1 g Fett, 3 g Kohlenhydrate, 4 g Protein, 803 mg Natrium

Portobello Caprese

Zubereitungszeit: 15 Minuten

Kochzeit: 30 Minuten

Portionen: 2

Schwierigkeitsgrad: Schwierig

Zutaten:

- 1 Esslöffel Olivenöl
- 1 Tasse Kirschtomaten
- Salz und schwarzer Pfeffer nach Geschmack
- 4 große frische Basilikumblätter, in dünne Scheiben geschnitten, geteilt
- 3 mittelgroße Knoblauchzehen, gehackt
- 2 große Portobello-Pilze, Stiele entfernt
- 4 Mini-Mozzarella-Kugeln
- 1 Esslöffel Parmesankäse, gerieben

Richtungen:

Bereiten Sie den Ofen auf 350 °F (180 °C) vor. Eine Auflaufform mit Olivenöl einfetten. Gießen Sie 1 Esslöffel Olivenöl in eine beschichtete Pfanne und erhitzen Sie es bei mittlerer bis hoher Hitze. Die Tomaten in die Pfanne geben und zum Würzen mit Salz und schwarzem Pfeffer bestreuen. Stechen Sie beim Kochen ein paar Löcher in die Tomaten, um den Saft zu erhalten. Setzen Sie den Deckel auf und kochen Sie die Tomaten 10 Minuten lang oder bis sie weich sind.

Reservieren Sie 2 Teelöffel Basilikum und geben Sie das restliche Basilikum und den Knoblauch in die Pfanne. Zerdrücken Sie die Tomaten mit einem Spatel und kochen Sie sie dann eine halbe Minute lang. Während des Kochens ständig umrühren. Zur Seite legen. Ordnen Sie die Pilze mit geschlossenem Deckel in der Auflaufform an und streuen Sie sie nach Belieben mit Salz und schwarzem Pfeffer.

Gießen Sie die Tomatenmischung und die Mozzarella-Kugeln über die Pilzkiemen und bestreuen Sie sie dann mit Parmesan, damit sie gut bedeckt sind. Kochen, bis die Pilze gabelweich und der Käse goldbraun sind. Die gefüllten Champignons aus dem Ofen nehmen und mit Basilikum servieren.

Nährwert (pro 100g): 285 Kalorien 21,8 g Fett 2,1 g Kohlenhydrate 14,3 g Protein 823 mg Natrium

Mit Pilzen und Käse gefüllte Tomaten

Zubereitungszeit: 15 Minuten

Kochzeit: 20 Minuten

Portionen: 4

Schwierigkeitsgrad: Mittel

Zutaten:

- 4 große reife Tomaten
- 1 Esslöffel Olivenöl
- ½ Pfund (454 g) weiße oder Cremini-Pilze, in Scheiben geschnitten
- 1 Esslöffel frisches Basilikum, gehackt
- ½ Tasse gelbe Zwiebel, gewürfelt
- 1 Esslöffel frischer Oregano, gehackt
- 2 Knoblauchzehen, gehackt
- ½ Teelöffel Salz
- ¼ Teelöffel frisch gemahlener schwarzer Pfeffer
- 1 Tasse teilentrahmter Mozzarella, gerieben
- 1 Esslöffel Parmesankäse, gerieben

Richtungen:

Bereiten Sie den Ofen auf 190 °C (375 °F) vor. Schneiden Sie von der Oberseite jeder Tomate eine ½ Zoll dicke Scheibe ab. Gießen Sie das Fruchtfleisch in eine Schüssel und lassen Sie ½ Zoll Tomatenschalen übrig. Die Tomaten auf einem mit Alufolie ausgelegten Backblech anrichten. Das Olivenöl in einer beschichteten Pfanne bei mittlerer Hitze erhitzen.

Pilze, Basilikum, Zwiebel, Oregano, Knoblauch, Salz und schwarzen Pfeffer in die Pfanne geben und 5 Minuten anbraten.

Gießen Sie die Mischung in die Schüssel mit dem Tomatenmark, fügen Sie dann den Mozzarella-Käse hinzu und verrühren Sie alles. Gießen Sie die Mischung in jede Tomatenschale und bedecken Sie sie dann mit einer Schicht Parmesan. Im vorgeheizten Ofen 15 Minuten backen oder bis der Käse Blasen wirft und die Tomaten weich sind. Die gefüllten Tomaten aus dem Ofen nehmen und heiß servieren.

Nährwert (pro 100g): 254 Kalorien 14,7 g Fett 5,2 g Kohlenhydrate 17,5 g Protein 783 mg Natrium

Tabouleh

Zubereitungszeit: 15 Minuten
Kochzeit: 5 Minuten
Portionen: 6
Schwierigkeitsgrad: Mittel

Zutaten:

- 4 Esslöffel Olivenöl, geteilt
- 4 Tassen Blumenkohlreis
- 3 Knoblauchzehen, fein gehackt
- Salz und schwarzer Pfeffer nach Geschmack
- ½ große Gurke, geschält, entkernt und gehackt
- ½ Tasse italienische Petersilie, gehackt
- Saft von 1 Zitrone
- 2 Esslöffel gehackte rote Zwiebel
- ½ Tasse Minzblätter, gehackt
- ½ Tasse entkernte Kalamata-Oliven, gehackt
- 1 Tasse Kirschtomaten, in Viertel geschnitten
- 2 Tassen Baby-Rucola oder Spinat
- 2 mittelgroße Avocados, geschält, entkernt und gewürfelt

Richtungen:

Erhitzen Sie 2 Esslöffel Olivenöl in einer beschichteten Pfanne bei mittlerer bis hoher Hitze. Blumenkohlreis, Knoblauch, Salz und schwarzen Pfeffer in die Pfanne geben und 3 Minuten lang anbraten, bis es duftet. Übertragen Sie sie in eine große Schüssel.

Gurke, Petersilie, Zitronensaft, rote Zwiebel, Minze, Oliven und restliches Olivenöl in die Schüssel geben. Umrühren, um alles gut zu vermischen. Bewahren Sie die Schüssel mindestens 30 Minuten lang im Kühlschrank auf.

Nehmen Sie die Schüssel aus dem Kühlschrank. Kirschtomaten, Rucola und Avocado in die Schüssel geben. Gut würzen und vermischen. Frisch servieren.

Nährwert (pro 100g): 198 Kalorien, 17,5 g Fett, 6,2 g Kohlenhydrate, 4,2 g Protein, 773 mg Natrium

Artischockenherzen und würziger Brokkoli

Zubereitungszeit: 5 Minuten
Kochzeit: 15 Minuten
Portionen: 4
Schwierigkeitsgrad: Mittel

Zutaten:

- 3 Esslöffel Olivenöl, geteilt
- 2 Pfund (907 g) frischer Brokkoli
- 3 Knoblauchzehen, fein gehackt
- 1 Teelöffel rote Paprikaflocken
- 1 Teelöffel Salz, plus mehr nach Geschmack
- 13,5 Unzen (383 g) Artischockenherzen
- 1 Esslöffel Wasser
- 2 Esslöffel Rotweinessig
- Frisch gemahlener schwarzer Pfeffer nach Geschmack

Richtungen:

Erhitzen Sie 2 Esslöffel Olivenöl in einer beschichteten Pfanne bei mittlerer bis hoher Hitze. Brokkoli, Knoblauch, Paprikaflocken und Salz in die Pfanne geben und 5 Minuten anbraten, bis der Brokkoli weich ist.

Artischockenherzen in die Pfanne geben und weitere 2 Minuten anbraten, bis sie weich sind. Geben Sie Wasser in die Pfanne und reduzieren Sie die Hitze auf eine niedrige Stufe. Deckel auflegen und 5 Minuten köcheln lassen. In der Zwischenzeit den Essig und 1 Esslöffel Olivenöl in einer Schüssel vermischen.

Den gekochten Brokkoli und die Artischocken mit Ölessig beträufeln und mit Salz und schwarzem Pfeffer bestreuen. Vor dem Servieren gut umrühren.

Nährwert (pro 100g): 272 Kalorien 21,5 g Fett 9,8 g Kohlenhydrate 11,2 g Protein 736 mg Natrium

Shakshuka

Zubereitungszeit: 10 Minuten

Kochzeit: 25 Minuten

Portionen: 4

Schwierigkeitsgrad: Schwierig

Zutaten:

- 5 Esslöffel Olivenöl, geteilt
- 1 rote Paprika, fein gewürfelt
- ½ kleine gelbe Zwiebel, fein gehackt
- 14 Unzen (397 g) zerdrückte Tomaten mit Saft
- 6 Unzen (170 g) gefrorener Spinat, aufgetaut und von überschüssiger Flüssigkeit befreit
- 1 Teelöffel geräuchertes Paprikapulver
- 2 Knoblauchzehen, fein gehackt
- 2 Teelöffel rote Paprikaflocken
- 1 Esslöffel grob gehackte Kapern
- 1 Esslöffel Wasser
- 6 große Eier
- ¼ Teelöffel frisch gemahlener schwarzer Pfeffer
- ¾ Tasse Feta oder Ziegenkäse, zerbröckelt
- ¼ Tasse glatte Petersilie oder frischer Koriander, gehackt

Richtungen:

Bereiten Sie den Ofen auf 150 °C vor. 2 Esslöffel Olivenöl in einer ofenfesten Pfanne bei mittlerer bis hoher Hitze erhitzen. Paprika und Zwiebel in der Pfanne anbraten, bis die Zwiebel glasig und die Paprika zart ist.

Tomaten und Säfte, Spinat, Paprika, Knoblauch, rote Paprikaflocken, Kapern, Wasser und 2 Esslöffel Olivenöl in die Pfanne geben. Gut vermischen und zum Kochen bringen. Die Hitze auf eine niedrige Stufe reduzieren, dann den Deckel auflegen und 5 Minuten köcheln lassen.

Schlagen Sie die Eier über der Soße auf, lassen Sie etwas Abstand zwischen den Eiern, lassen Sie das Ei intakt und bestreuen Sie es mit frisch gemahlenem schwarzem Pfeffer. Kochen, bis die Eier den richtigen Gargrad erreicht haben.

Den Käse über die Eier und die Soße verteilen und im vorgeheizten Ofen 5 Minuten backen oder bis der Käse schaumig und goldbraun ist. Mit dem restlichen 1 Esslöffel Olivenöl beträufeln und die Petersilie darüber verteilen, bevor es heiß serviert wird.

Nährwert (pro 100g): 335 Kalorien 26,5 g Fett 5 g Kohlenhydrate 16,8 g Protein 736 mg Natrium

spanakopita

Zubereitungszeit: 15 Minuten

Kochzeit: 50 Min

Portionen: 6

Schwierigkeitsgrad: Schwierig

Zutaten:

- 6 Esslöffel Olivenöl, geteilt
- 1 kleine gelbe Zwiebel, gewürfelt
- 4 Tassen gefrorener gehackter Spinat
- 4 Knoblauchzehen, gehackt
- ½ Teelöffel Salz
- ½ Teelöffel frisch gemahlener schwarzer Pfeffer
- 4 große geschlagene Eier
- 1 Tasse Ricotta
- ¾ Tasse Feta-Käse, zerbröselt
- ¼ Tasse Pinienkerne

Richtungen:

Eine Auflaufform mit 2 EL Olivenöl einfetten. Stellen Sie den Ofen auf 375 Grad F ein. Erhitzen Sie 2 Esslöffel Olivenöl in einer beschichteten Pfanne bei mittlerer bis hoher Hitze. Die Zwiebel in die Pfanne geben und 6 Minuten anbraten, bis sie glasig und zart ist.

Spinat, Knoblauch, Salz und schwarzen Pfeffer in die Pfanne geben und weitere 5 Minuten anbraten. Geben Sie sie in eine Schüssel und stellen Sie sie beiseite. Geben Sie die geschlagenen Eier und den Ricotta-Käse in eine separate Schüssel und gießen Sie sie dann in die Schüssel mit der Spinatmischung. Umrühren, um alles gut zu vermischen.

Füllen Sie die Mischung in die Auflaufform und kippen Sie die Form, sodass die Mischung den Boden gleichmäßig bedeckt. Kochen, bis es anfängt fest zu werden. Nehmen Sie die Form aus dem Ofen, verteilen Sie Feta und Pinienkerne darauf und beträufeln Sie sie anschließend mit den restlichen 2 Esslöffeln Olivenöl.

Stellen Sie die Auflaufform wieder in den Ofen und backen Sie sie weitere 15 Minuten lang oder bis die Oberfläche goldbraun ist. Nehmen Sie die Form aus dem Ofen. Lassen Sie die Spanakopita einige Minuten abkühlen und schneiden Sie sie zum Servieren in Scheiben.

Nährwert (pro 100g): 340 Kalorien 27,3 g Fett 10,1 g Kohlenhydrate 18,2 g Protein 781 mg Natrium

Tajine

Zubereitungszeit: 20 Minuten
Kochzeit: 60 Minuten
Portionen: 6
Schwierigkeitsgrad: Mittel

Zutaten:

- ½ Tasse Olivenöl
- 6 Selleriestangen, in ¼-Zoll-Halbmonde geschnitten
- 2 mittelgroße gelbe Zwiebeln, in Scheiben geschnitten
- 1 Teelöffel gemahlener Kreuzkümmel
- ½ Teelöffel gemahlener Zimt
- 1 Teelöffel Ingwerpulver
- 6 Knoblauchzehen, gehackt
- ½ Teelöffel Paprika
- 1 Teelöffel Salz
- ¼ Teelöffel frisch gemahlener schwarzer Pfeffer
- 2 Tassen natriumarme Gemüsebrühe
- 2 mittelgroße Zucchini, in ½ Zoll dicke Halbkreise geschnitten
- 2 Tassen Blumenkohl, in Röschen geschnitten
- 1 mittelgroße Aubergine, in 2,5 cm große Würfel geschnitten
- 1 Tasse grüne Oliven, halbiert und entkernt
- 13,5 Unzen (383 g) Artischockenherzen, abgetropft und in Viertel geschnitten
- ½ Tasse gehackte frische Korianderblätter zum Garnieren

- ½ Tasse griechischer Naturjoghurt zum Garnieren
- ½ Tasse gehackte frische glatte Petersilie zum Garnieren

Richtungen:

Olivenöl in einem Topf bei mittlerer bis hoher Hitze kochen. Sellerie und Zwiebel in die Pfanne geben und 6 Minuten anbraten. Kreuzkümmel, Zimt, Ingwer, Knoblauch, Paprika, Salz und schwarzen Pfeffer in die Pfanne geben und weitere 2 Minuten anbraten, bis es aromatisch ist.

Die Gemüsebrühe in den Topf gießen und zum Kochen bringen. Reduzieren Sie die Hitze auf eine niedrige Stufe und geben Sie Zucchini, Blumenkohl und Auberginen in das Glas. Abdecken und 30 Minuten köcheln lassen, bis das Gemüse weich ist. Dann die Oliven und Artischockenherzen in den Pool geben und weitere 15 Minuten köcheln lassen. Füllen Sie sie in eine große Servierschüssel oder Tajine und servieren Sie sie dann mit Koriander, griechischem Joghurt und Petersilie.

Nährwert (pro 100g): 312 Kalorien 21,2 g Fett 9,2 g Kohlenhydrate 6,1 g Protein 813 mg Natrium

Zitruspistazien und Spargel

Zubereitungszeit: 10 Minuten

Kochzeit: 10 Minuten

Portionen: 4

Schwierigkeitsgrad: Schwierig

Zutaten:

- Schale und Saft von 2 Clementinen oder 1 Orange
- Schale und Saft von 1 Zitrone
- 1 Esslöffel Rotweinessig
- 3 Esslöffel natives Olivenöl extra, geteilt
- 1 Teelöffel Salz, geteilt
- ¼ Teelöffel frisch gemahlener schwarzer Pfeffer
- ½ Tasse Pistazien, geschält
- 1 Pfund (454 g) frischer Spargel, geputzt
- 1 Esslöffel Wasser

Richtungen:

Mischen Sie die Schale und den Saft von Clementine und Zitrone, Essig, 2 Esslöffel Olivenöl, ½ Teelöffel Salz und schwarzen Pfeffer. Umrühren, um alles gut zu vermischen. Zur Seite legen.

Rösten Sie die Pistazien in einer beschichteten Pfanne bei mittlerer bis hoher Hitze 2 Minuten lang oder bis sie goldbraun sind. Die gerösteten Pistazien auf eine saubere Arbeitsfläche geben und grob hacken. Pistazien mit der Zitrusmischung vermischen. Zur Seite legen.

Das restliche Olivenöl in der beschichteten Pfanne bei mittlerer bis hoher Hitze erhitzen. Den Spargel in die Pfanne geben und 2 Minuten anbraten, dann mit dem restlichen Salz würzen. Geben Sie das Wasser in die Pfanne. Reduzieren Sie die Hitze auf ein Minimum und legen Sie den Deckel auf. 4 Minuten köcheln lassen, bis der Spargel weich ist.

Den Spargel in einer großen Schüssel aus der Pfanne nehmen. Die Zitrus-Pistazien-Mischung über den Spargel gießen. Vor dem Servieren gut umrühren.

Nährwert (pro 100g): 211 Kalorien, 17,5 g Fett, 3,8 g Kohlenhydrate, 5,9 g Protein, 901 mg Natrium

Auberginen gefüllt mit Tomaten und Petersilie

Zubereitungszeit: 15 Minuten
Kochzeit: 2 Stunden und 10 Minuten
Portionen: 6
Schwierigkeitsgrad: Mittel

Zutaten:

- ¼ Tasse natives Olivenöl extra
- 3 kleine Auberginen, der Länge nach halbiert
- 1 Teelöffel Meersalz
- ½ Teelöffel frisch gemahlener schwarzer Pfeffer
- 1 große gelbe Zwiebel, fein gehackt
- 4 Knoblauchzehen, gehackt
- 15 oz (425 g) gewürfelte Tomaten mit Saft
- ¼ Tasse frische glatte Petersilie, fein gehackt

Richtungen:

Den Slow-Cooker-Einsatz mit 2 Esslöffeln Olivenöl belegen. Schneiden Sie ein paar Schlitze in die Schnittseite jeder Auberginenhälfte und lassen Sie zwischen jedem Schlitz einen Abstand von ¼ Zoll. Legen Sie die Auberginenhälften mit der Hautseite nach unten in den Slow Cooker. Mit Salz und schwarzem Pfeffer bestreuen.

Das restliche Olivenöl in einer beschichteten Pfanne bei mittlerer bis hoher Hitze erhitzen. Zwiebel und Knoblauch in die Pfanne geben und 3 Minuten anbraten, bis die Zwiebel glasig ist.

Petersilie und Tomaten mit dem Saft in die Pfanne geben und mit Salz und schwarzem Pfeffer bestreuen. Weitere 5 Minuten anbraten, bis es weich ist. Verteilen Sie die Mischung und gießen Sie sie in die Pfanne über die Auberginenhälften.

Setzen Sie den Deckel auf den Slow Cooker und kochen Sie ihn 2 Stunden lang auf HIGH, bis die Aubergine weich ist. Geben Sie die Aubergine auf einen Teller und lassen Sie sie vor dem Servieren einige Minuten abkühlen.

Nährwert (pro 100g): 455 Kalorien, 13 g Fett, 14 g Kohlenhydrate, 14 g Protein, 719 mg Natrium

Ratatouille

Zubereitungszeit: 15 Minuten
Kochzeit: 7 Stunden
Portionen: 6
Schwierigkeitsgrad: Mittel

Zutaten:

- 3 Esslöffel natives Olivenöl extra
- 1 große Aubergine, ungeschält, in Scheiben geschnitten
- 2 große Zwiebeln, in Scheiben geschnitten
- 4 kleine Zucchini, in Scheiben geschnitten
- 2 grüne Paprika
- 6 große Tomaten, in ½ Zoll dicke Spalten geschnitten
- 2 Esslöffel frische glatte Petersilie, gehackt
- 1 Teelöffel getrocknetes Basilikum
- 2 Knoblauchzehen, gehackt
- 2 Teelöffel Meersalz
- ¼ Teelöffel frisch gemahlener schwarzer Pfeffer

Richtung:

Füllen Sie den Slow-Cooker-Einsatz mit 2 Esslöffeln Olivenöl. Die Gemüsescheiben, -streifen und -viertel abwechselnd im Slow-Cooker-Einsatz anrichten. Die Petersilie über das Gemüse streuen und mit Basilikum, Knoblauch, Salz und schwarzem Pfeffer würzen. Mit dem restlichen Olivenöl beträufeln. Verschließen und 7 Stunden lang auf NIEDRIGER Stufe kochen, bis das Gemüse weich ist. Das Gemüse auf einen Teller geben und heiß servieren.

Nährwert (pro 100g): 265 Kalorien, 1,7 g Fett, 13,7 g Kohlenhydrate, 8,3 g Protein, 800 mg Natrium

Gemista

Zubereitungszeit: 15 Minuten

Kochzeit: 4 Stunden

Portionen: 4

Schwierigkeitsgrad: Mittel

Zutaten:

- 2 Esslöffel natives Olivenöl extra
- 4 große Paprika jeder Farbe
- ½ Tasse ungekochter Couscous
- 1 Teelöffel Oregano
- 1 Knoblauchzehe, gehackt
- 1 Tasse zerbröckelter Feta-Käse
- 1 Dose (15 Unzen / 425 g) Cannellini-Bohnen, abgespült und abgetropft
- Salz und Pfeffer nach Geschmack
- 1 Zitronenspalte
- 4 Frühlingszwiebeln, weiße und grüne Teile getrennt, in dünne Scheiben geschnitten

Richtung:

Schneiden Sie eine ½-Zoll-Scheibe unterhalb des oberen Stiels der Paprika ab. Entfernen Sie nur den Stiel, schneiden Sie den oberen Teil unterhalb des Stiels ab und legen Sie ihn in eine Schüssel. Die Paprika mit einem Löffel aushöhlen. Fetten Sie den Slow Cooker mit Öl ein.

Die restlichen Zutaten, mit Ausnahme der grünen Teile der Frühlingszwiebel und der Zitronenspalten, in die obere Schüssel mit gehacktem Pfeffer rühren. Umrühren, um alles gut zu vermischen. Gießen Sie die Mischung in die ausgehöhlte Paprika, geben Sie die gefüllten Paprika in den Slow Cooker und beträufeln Sie sie anschließend mit Olivenöl.

Schließen Sie den Deckel des Slow Cookers und garen Sie die Paprika 4 Stunden lang auf HOCH, bis die Paprika weich sind.

Die Paprika aus dem Slow Cooker nehmen und auf einem Teller servieren. Vor dem Servieren mit den grünen Teilen der Frühlingszwiebeln bestreuen und die Zitronenspalten darüberpressen.

Nährwert (pro 100g): 246 Kalorien, 9 g Fett, 6,5 g Kohlenhydrate, 11,1 g Protein, 698 mg Natrium

Kohlrouladen

Zubereitungszeit: 15 Minuten
Kochzeit: 2 Stunden
Portionen: 4
Schwierigkeitsgrad: Schwierig

Zutaten:

- 4 Esslöffel Olivenöl, geteilt
- 1 großer Grünkohl, entkernt
- 1 große gelbe Zwiebel, gehackt
- 3 Unzen (85 g) Feta-Käse, zerbröselt
- ½ Tasse getrocknete Johannisbeeren
- 3 Tassen gekochte Graupen
- 2 Esslöffel frische glatte Petersilie, gehackt
- 2 Esslöffel Pinienkerne, geröstet
- ½ Teelöffel Meersalz
- ½ Teelöffel schwarzer Pfeffer
- 15 Unzen (425 g) zerdrückte Tomaten mit Saft
- 1 Esslöffel Apfelessig
- ½ Tasse Apfelsaft

Richtungen:

Bestreichen Sie den Slow-Cooker-Einsatz mit 2 Esslöffeln Olivenöl. Den Kohl in einem Topf mit Wasser 8 Minuten blanchieren. Nehmen Sie es aus dem Wasser, stellen Sie es beiseite und trennen Sie dann 16 Blätter vom Kohl. Zur Seite legen.

Das restliche Olivenöl in eine beschichtete Pfanne geben und bei mittlerer Hitze erhitzen. Die Zwiebel in die Pfanne geben und kochen, bis die Zwiebel und die Paprika weich sind. Zwiebel in eine Schüssel geben.

Fetakäse, Johannisbeeren, Gerste, Petersilie und Pinienkerne in die Schüssel mit den gekochten Zwiebeln geben und mit ¼ Teelöffel Salz und ¼ Teelöffel schwarzem Pfeffer bestreuen.

Ordnen Sie die Kohlblätter auf einer sauberen Arbeitsfläche an. Gießen Sie 1/3 Tasse der Mischung in die Mitte jedes Tellers, falten Sie dann den Rand über die Mischung und rollen Sie ihn auf. Legen Sie die Kohlrouladen mit der Nahtseite nach unten in den Slow Cooker.

Die restlichen Zutaten in einer separaten Schüssel vermischen und die Mischung dann über die Kohlrouladen gießen. Schließen Sie den Deckel des Slow Cookers und kochen Sie 2 Stunden lang auf HIGH. Die Kohlrouladen aus dem Slow Cooker nehmen und heiß servieren.

Nährwert (pro 100g): 383 Kalorien 14,7 g Fett 12,9 g Kohlenhydrate 10,7 g Protein 838 mg Natrium

Rosenkohl mit Balsamico-Glasur

Zubereitungszeit: 15 Minuten

Kochzeit: 2 Stunden

Portionen: 6

Schwierigkeitsgrad: Mittel

Zutaten:

- Balsamico-Glasur:
- 1 Tasse Balsamico-Essig
- ¼ Tasse Honig
- 2 Esslöffel natives Olivenöl extra
- 2 Pfund (907 g) Rosenkohl, geputzt und halbiert
- 2 Tassen natriumarme Gemüsesuppe
- 1 Teelöffel Meersalz
- Frisch gemahlener schwarzer Pfeffer nach Geschmack
- ¼ Tasse Parmesan, gerieben
- ¼ Tasse Pinienkerne

Richtungen:

Bereiten Sie die Balsamico-Glasur vor: Mischen Sie Balsamico-Essig und Honig in einem Topf. Umrühren, um alles gut zu vermischen. Bei mittlerer bis hoher Hitze zum Kochen bringen. Reduzieren Sie die Hitze auf eine niedrige Stufe und köcheln Sie dann 20 Minuten lang oder bis die Glasur auf die Hälfte reduziert ist und eine dicke Konsistenz hat. Geben Sie etwas Olivenöl in den Slow-Cooker-Einsatz.

Rosenkohl, Gemüsesuppe und ½ TL Salz in den Slow Cooker geben und umrühren. Schließen Sie den Deckel des Slow Cookers und kochen Sie ihn 2 Stunden lang auf HOCH, bis der Rosenkohl weich ist.

Den Rosenkohl auf einen Teller legen und zum Würzen mit dem restlichen Salz und schwarzem Pfeffer bestreuen. Die Balsamico-Glasur über den Rosenkohl gießen und mit Parmesan und Pinienkernen servieren.

Nährwert (pro 100g): 270 Kalorien 10,6 g Fett 6,9 g Kohlenhydrate 8,7 g Protein 693 mg Natrium

Spinatsalat mit Zitrusvinaigrette

Zubereitungszeit: 10 Minuten

Kochzeit: 0 Minuten

Portionen: 4

Schwierigkeitsgrad: Leicht

Zutaten:

- Zitrusvinaigrette:
- ¼ Tasse natives Olivenöl extra
- 3 Esslöffel Balsamico-Essig
- ½ Teelöffel frische Zitronenschale
- ½ Teelöffel Salz
- Salat:
- 1 Pfund (454 g) Babyspinat, gewaschen, Stiele entfernt
- 1 große reife Tomate, in ¼-Zoll-Stücke geschnitten
- 1 mittelgroße rote Zwiebel, in dünne Scheiben geschnitten

Richtungen:

Zubereitung der Zitrusvinaigrette: Olivenöl, Balsamico-Essig, Zitronenschale und Salz in einer Schüssel gut vermischen.

Bereiten Sie den Salat vor: Geben Sie Babyspinat, Tomaten und Zwiebeln in eine separate Salatschüssel. Das Zitrusdressing über den Salat träufeln und vorsichtig umrühren, bis das Gemüse gut bedeckt ist.

Nährwert (pro 100g): 173 Kalorien 14,2 g Fett 4,2 g Kohlenhydrate 4,1 g Protein 699 mg Natrium

Einfacher Sellerie-Orangen-Salat

Zubereitungszeit: 15 Minuten

Kochzeit: 0 Minuten

Portionen: 6

Schwierigkeitsgrad: Leicht

Zutaten:

- Salat:
- 3 Selleriestangen, einschließlich der Blätter, schräg in ½-Zoll-Scheiben schneiden
- ½ Tasse grüne Oliven
- ¼ Tasse geschnittene rote Zwiebel
- 2 große Orangen, geschält, in Scheiben geschnitten
- Bandage:
- 1 Esslöffel natives Olivenöl extra
- 1 Esslöffel Zitronen- oder Orangensaft
- 1 Esslöffel Olivenlake
- ¼ TL koscheres Salz oder Meersalz
- ¼ Teelöffel frisch gemahlener schwarzer Pfeffer

Richtungen:

Bereiten Sie den Salat vor: Geben Sie Selleriestangen, grüne Oliven, Zwiebeln und Orangen in eine flache Schüssel. Gut vermischen und beiseite stellen.

Vinaigrette zubereiten: Olivenöl, Zitronensaft, Olivenlake, Salz und Pfeffer gut vermischen.

Gießen Sie das Dressing in die Salatschüssel und rühren Sie es leicht um, bis es gut bedeckt ist.

Gekühlt oder bei Zimmertemperatur servieren.

Nährwert (pro 100g): 24 Kalorien 1,2 g Fett 1,2 g Kohlenhydrate 1,1 g Protein 813 mg Natrium

Frittierte Auberginenröllchen

Zubereitungszeit: 20 Minuten
Kochzeit: 10 Minuten
Portionen: 6
Schwierigkeitsgrad: Mittel

Zutaten:

- 2 große Auberginen
- 1 Teelöffel Salz
- 1 Tasse geriebener Ricotta
- 4 Unzen (113 g) Ziegenkäse, gerieben
- ¼ Tasse fein gehacktes frisches Basilikum
- ½ Teelöffel frisch gemahlener schwarzer Pfeffer
- Olivenöl Spray

Richtungen:

Die Auberginenscheiben in ein Sieb geben und mit Salz würzen. 15 bis 20 Minuten ruhen lassen.

Ricotta und Ziegenkäse, Basilikum und schwarzen Pfeffer in einer großen Schüssel vermengen und vermengen. Zur Seite legen.

Trocknen Sie die Auberginenscheiben mit Papiertüchern und besprühen Sie sie leicht mit Olivenölspray.

Erhitzen Sie eine große Pfanne bei mittlerer Hitze und besprühen Sie sie leicht mit Olivenölspray. Die Auberginenscheiben in die Pfanne legen und von jeder Seite 3 Minuten goldbraun braten.

Vom Herd nehmen, auf einen mit Papiertuch ausgelegten Teller legen und 5 Minuten ruhen lassen. Bereiten Sie die Auberginenröllchen zu: Legen Sie die Auberginenscheiben auf eine ebene Arbeitsfläche und belegen Sie jede Scheibe mit 1 Esslöffel der vorbereiteten Käsemischung. Aufrollen und sofort servieren.

Nährwert (pro 100g): 254 Kalorien 14,9 g Fett 7,1 g Kohlenhydrate 15,3 g Protein 612 mg Natrium

Schüssel mit geröstetem Gemüse und braunem Reis

Zubereitungszeit: 15 Minuten

Kochzeit: 20 Minuten

Portionen: 4

Schwierigkeitsgrad: Mittel

Zutaten:

- 2 Tassen Blumenkohlröschen
- 2 Tassen Brokkoliröschen
- 1 Dose (15 Unzen / 425 g) Kichererbsen
- 1 Tasse Karottenscheiben (ca. 2,5 cm dick)
- 2 bis 3 Esslöffel natives Olivenöl extra, geteilt
- Salz und schwarzer Pfeffer nach Geschmack
- Antihaft-Kochspray
- 2 Tassen gekochter brauner Reis
- 3 Esslöffel Sesamkörner
- <u>Bandage:</u>
- 3 bis 4 Esslöffel Tahini
- 2 Esslöffel Honig
- 1 Zitrone, gepresst
- 1 Knoblauchzehe, gehackt
- Salz und schwarzer Pfeffer nach Geschmack

Richtungen:

Bereiten Sie den Ofen auf 205 °C vor. Zwei Backbleche mit Antihaft-Kochspray einsprühen.

Das erste Backblech mit Blumenkohl und Brokkoli bestreichen und auf dem zweiten die Kichererbsen und Karottenscheiben verteilen.

Jedes Blatt mit der Hälfte des Olivenöls beträufeln und mit Salz und Pfeffer bestreuen. Gut umrühren.

Die Kichererbsen- und Karottenscheiben im vorgeheizten Ofen 10 Minuten lang rösten, sodass die Karotten zart, aber knusprig bleiben, und den Blumenkohl und den Brokkoli 20 Minuten lang rösten, bis sie mit einer Gabel weich sind. Rühren Sie sie nach der Hälfte der Garzeit einmal um.

Bereiten Sie in der Zwischenzeit das Dressing vor: Mischen Sie Tahini, Honig, Zitronensaft, Knoblauch, Salz und Pfeffer in einer kleinen Schüssel.

Den gekochten braunen Reis auf vier Schüsseln verteilen. Jede Schüssel gleichmäßig mit geröstetem Gemüse und Dressing belegen. Vor dem Servieren mit Sesamkörnern bestreuen und dekorieren.

Nährwert (pro 100g): 453 Kalorien, 17,8 g Fett, 11,2 g Kohlenhydrate, 12,1 g Protein, 793 mg Natrium

Blumenkohlhasch mit Karotten

Zubereitungszeit: 10 Minuten

Kochzeit: 10 Minuten

Portionen: 4

Schwierigkeitsgrad: Leicht

Zutaten:

- 3 Esslöffel natives Olivenöl extra
- 1 große Zwiebel, gehackt
- 1 Esslöffel gehackter Knoblauch
- 2 Tassen gewürfelte Karotten
- 4 Tassen Blumenkohlröschen
- ½ Teelöffel gemahlener Kreuzkümmel
- 1 Teelöffel Salz

Richtungen:

Das Olivenöl bei mittlerer Hitze kochen. Zwiebel und Knoblauch mischen und 1 Minute anbraten. Karotten hinzufügen und 3 Minuten anbraten. Blumenkohlröschen, Kreuzkümmel und Salz hinzufügen und vermischen.

Abdecken und 3 Minuten kochen lassen, bis es leicht gebräunt ist. Gut vermischen und ohne Deckel 3 bis 4 Minuten kochen, bis es weich ist. Vom Herd nehmen und heiß servieren.

Nährwert (pro 100g): 158 Kalorien 10,8 g Fett 5,1 g Kohlenhydrate 3,1 g Protein 813 mg Natrium

Zucchiniwürfel mit Knoblauch und Minze

Zubereitungszeit: 5 Minuten

Kochzeit: 10 Minuten

Portionen: 4

Schwierigkeitsgrad: Leicht

Zutaten:

- 3 große grüne Zucchini
- 3 Esslöffel natives Olivenöl extra
- 1 große Zwiebel, gehackt
- 3 Knoblauchzehen, gehackt
- 1 Teelöffel Salz
- 1 Teelöffel getrocknete Minze

Richtungen:

Das Olivenöl in einer großen Pfanne bei mittlerer Hitze kochen.

Zwiebel und Knoblauch hinzufügen und 3 Minuten unter ständigem Rühren anbraten, bis sie weich sind.

Zucchiniwürfel und Salz hinzufügen und 5 Minuten kochen lassen, bis die Zucchini goldbraun und zart sind.

Geben Sie die Minze in die Pfanne und vermischen Sie alles. Kochen Sie dann 2 Minuten lang weiter. Heiß servieren.

Nährwert (pro 100g): 146 Kalorien 10,6 g Fett 3 g Kohlenhydrate 4,2 g Protein 789 mg Natrium

Zucchini-Artischocken-Bowl mit Faro

Zubereitungszeit: 15 Minuten

Kochzeit: 10 Minuten

Portionen: 6

Schwierigkeitsgrad: Leicht

Zutaten:

- 1/3 Tasse natives Olivenöl extra
- 1/3 Tasse gehackte rote Zwiebeln
- ½ Tasse gehackter roter Pfeffer
- 2 Knoblauchzehen, gehackt
- 1 Tasse Zucchini, in ½ Zoll dicke Scheiben geschnitten
- ½ Tasse grob gehackte Artischocken
- ½ Tasse Kichererbsen aus der Dose, abgetropft und abgespült
- 3 Tassen gekochter Faro
- Salz und schwarzer Pfeffer nach Geschmack
- ½ Tasse zerbröckelter Feta-Käse zum Servieren (optional)
- Tasse geschnittene Oliven, zum Servieren (optional)
- 2 Esslöffel frisches Basilikum, Chiffonade, zum Servieren (optional)
- 3 Esslöffel Balsamico-Essig zum Servieren (optional)

Richtungen:

Erhitzen Sie das Olivenöl in einer großen Pfanne bei mittlerer Hitze, bis es schimmert. Zwiebeln, Paprika und Knoblauch mischen und 5 Minuten unter gelegentlichem Rühren anbraten, bis sie weich sind.

Zucchinischeiben, Artischocken und Kichererbsen unterrühren und etwa 5 Minuten anbraten, bis sie leicht zart sind. Fügen Sie den gekochten Faro hinzu und rühren Sie, bis er durchgewärmt ist. Zum Würzen mit Salz und Pfeffer bestreuen.

Teilen Sie die Mischung auf Schüsseln auf. Jede Schüssel gleichmäßig mit Fetakäse, Olivenscheiben und Basilikum belegen und nach Belieben mit Balsamico-Essig bestreuen.

Nährwert (pro 100g): 366 Kalorien 19,9 g Fett 9 g Kohlenhydrate 9,3 g Protein 819 mg Natrium

Zucchini-Krapfen mit 5 Zutaten

Zubereitungszeit: 15 Minuten

Kochzeit: 5 Minuten

Portionen: 14

Schwierigkeitsgrad: Mittel

Zutaten:

- 4 Tassen geriebene Zucchini
- Salz, nach Geschmack
- 2 große Eier, leicht geschlagen
- 1/3 Tasse geschnittene Frühlingszwiebeln
- 2/3 Allzweckmehl
- 1/8 Teelöffel schwarzer Pfeffer
- 2 Esslöffel Olivenöl

Richtungen:

Die geriebenen Zucchini in ein Sieb geben und leicht salzen. 10 Minuten ruhen lassen. Den geriebenen Zucchini möglichst viel Flüssigkeit entziehen.

Die geriebenen Zucchini in eine Schüssel geben. Die geschlagenen Eier, Frühlingszwiebeln, Mehl, Salz und Pfeffer hinzufügen und gut verrühren.

Erhitzen Sie das Olivenöl in einer großen Pfanne bei mittlerer Hitze, bis es heiß ist.

Geben Sie 3 EL Zucchini-Hügel auf die heiße Pfanne, um die einzelnen Krapfen zuzubereiten, stecken Sie sie leicht zu Kreisen zusammen und lassen Sie sie etwa 5 cm voneinander entfernt.

2 bis 3 Minuten kochen lassen. Drehen Sie die Zucchini-Küchlein um und kochen Sie sie weitere 2 Minuten lang oder bis sie goldbraun und durchgegart sind.

Vom Herd nehmen und auf einen mit saugfähigem Papier ausgelegten Teller legen. Mit der restlichen Zucchinimischung wiederholen. Heiß servieren.

Nährwert (pro 100g): 113 Kalorien, 6,1 g Fett, 9 g Kohlenhydrate, 4 g Protein, 793 mg Natrium

www.ingramcontent.com/pod-product-compliance
Lightning Source LLC
Chambersburg PA
CBHW070410120526
44590CB00014B/1340